法華経が好き！

露の団姫《つゆのまるこ》

春秋社

まえがき

『釣りバカ日誌』の浜ちゃんは、愛する妻・みち子さんにいいました。

「僕は君を幸せにする自信はありませんが、僕が幸せになる自信はあります。僕と結婚してください！」

なんて馬鹿らしいプロポーズなんや！と一瞬、あきれてしまいますが、その当時、こういう人と結婚できる人は幸せモンやな〜と思いました。

そして、「この人がいてくれたら自分は絶対に幸せになれる！」という確信をもっている浜ちゃんは、もっと幸せ者だと思いました。良くも悪くも、ワガママをいえなくなった日本人。そんな私たちに人を幸せにする魔法のワガママを教えてくれたプロポーズでした。

自分たちは日本一幸せだと信じて疑わない夫婦。こんなふうになってみたいものだ、と誰しも一度は思ったことがあるかもしれません。自分自身が「浜ちゃん」になり、「みち子」さんにもなれる教え……それが、本書でご紹介させていただく私の大好きなお経「法華経」です。

今から十三年前、当時十五歳だった私は、「人間、死んだらどこへ行くのやろ?」という幼児期からの不安の答えを探すため、あらゆる宗教書を読み漁っていました。キリスト教の聖書にはじまり、イスラム教のコーラン、精神世界の本……どれもこれも頭では納得がいくのですが、なぜか身を委ねてみる気にはなれませんでした。

決してキリスト教やイスラム教が悪いワケではありません。どないいうんでしょ?同級生がジャニーズにキャーキャーいうてるときに、「確かにジャニーズはカッコいいけど、私は俳優の渡哲也さんのほうが好きやわ~」と心の中で思ったときと同じ感覚でした。

宗教に対するインスピレーション、こればっかりは恋愛と同じで、結局は相性のようなものだと思います。そこにいくら理由をつけようとしても、今までどうしても見つからなかったので、私としてはそうとしかいいようがないのです。まさに、十人十色の世界。

なので、私は他の宗教を否定する気はサラサラありませんし、ぶっちゃけた話、信仰心があれば、何教でもよいと思っています。むしろ、「無宗教」とか「信仰心がない」というほうが問題です。宗教は道徳であり、大なり小なり、その人の人生指針となるものですから、人間にとって必ず必要なものだと考えています。信仰心があって、そこに初めて自分という人格が成り立つのではないでしょうか。人間という生き物、そしてこの地球は、決して神仏の存在なしに説明できるものではありません。

では、私のハートをガッチリつかんだ宗教とは、いったい何だったのでしょうか？　それが、このツルツル頭を見ていただければおわかりのように「仏教」であり、「法華経」です。

私と法華経の出会いは、法華経の中で最も重要とされる「自我偈《じがげ》」の「以何令衆生《いがりょうしゅじょう》得入無上道《とくにゅうむじょうどう》　速成就仏身《そくじょうじゅぶっしん》」から始まりました。これは、お釈迦様が常に私たち人間を悟りへと導くため頭を悩ましておられる、という部分でした。

そのときの感動は、まさに「一目惚れ」。親以外にこんなにも自分のことを心配してくれている人がいるなんて！と、度肝を抜かれたのです。しかも、あのエライエライお釈迦様が！

その一目惚れは決して一瞬のものではなく、読めば読むほど「これは間違いない！」という喜びの確信へと変わっていったのでした。この世にこれほど素晴らしい教えがあったなんて！と感動の嵐。いつしか「法華経を広めるために出家したい！　そのためなら髪の毛を落とすことぐらい安いもんや！　それで一人でも多くの人にこの経が伝わるのであれば、喜んで髪を捨てまっせ♪」と思うようになったのです。

本書は、法華経の解説書ではなく、私自身の法華経への想いをありったけぶつけた本です。いわば、信仰告白に近いものがあります。法華経は理屈よりも先に信仰心があることが前提のお経です。なので、信仰告白を聞いていただくほうが「このお経のおかげでこんなに幸せに生きてる奴がおんのん？　それっていったいどんなお経やねん？」と、手っ取り早く興味をもっていただけるのではないかと考えました。

しかし、私は法華経が大好きなだけで、決して法華経の専門家ではありません。正直、大学の先生のように事細かなことはわかりませんが、私は今現在、落語界という芸界の中で法華経を活かしながら生きている一人の「法華経モニター」なのです。つまり、読者のみなさんには法華経の詳しい成分ではなく、法華経に生きてみたいと願い、少しずつではありますが、実際に法華経を実践しているモニターの感想を聞いていただくような本になっています。

私は法華経というお経に心底惚れ込んでいます。いえ、惚れるなんて表現では足りません。私の人生を変え、道しるべとなり、またその目標となるものです。過去・現在・未来、どこをとっても私の人生に法華経があるのです。

もし仮に私を切り裂く人があれば、金太郎飴のごとく、どこからでも法華経、法華経、法華経……と、法華経がコロコロ出てきてビックリすることでしょう。

法華経は私に元気をくれます。
私を応援してくれます。
私をなぐさめてくれます。
そして法華経は嘘をつきませんし、どこにも逃げません。
法華経は私の魂とずっと一緒にいてくれます。
世間では「しょうもない」と笑われてしまうような悩みにも、トコトン付き合ってくれるのです。

私たちの「生まれてきたからにはどうにかして幸せになりたい！」というホンネに、お釈迦様もホンネで応えてくれる「法華経」。そのホンネとは、ただただ「みんなを幸せにしたいねん！」という、大きなお慈悲以外の何ものでもありません。

人生は自分が主役。自分自身が幸せになることが、まわりの人間を幸せにする。

そんな相乗効果バツグンの世界をお釈迦様は期待されているのです。

独り占めではもったいない！

こんな教え他にない！

人生を肯定する教え、法華経！

「さあ、みんなで幸せになりましょう！」

法華経が好き！……目　次

法華経が好き！

第Ⅰ章

仏教についてのお話

仏教とは？

「おはようございます！」

毎日、こうやって元気に楽屋で挨拶をできるのは、何を隠そう仏教のおかげです。露《つゆ》の団姫《まるこ》、仏教徒になって、はや十三年。あの瞬間から私の魂は心底晴れやかになり、生かされている喜びに包まれる毎日です。

では、仏教とは、いったい何でしょうか？　辞書をひも解いてみますと、仏教は今から約二千五百年ほど前、インドでお釈迦様によってひらかれました。ハッキリした成立年代はわからず、いまだ諸説ありますが、そこは仏教。「ホットケ」てな気持ちで気にせず先に進みましょう。大事なのは中身です。

お釈迦様は一国の王子でありながら、人間の生老病死《しょうろうびょうし》をはじめとする「苦しみ」の答えを見つけるため、その身分を捨て出家されました。後に悟りをひらかれ、多くの人を救うため、広くその教えを説かれました。私が一国の王子やったら、そんなオイシイ身分を捨ててまで出家しませんが、お釈迦様は自分が救われることはもちろん、「みんなで幸せになりたい」という大きな慈悲のお気持ちから出家を決意されたのだと思います。

仏教は、生きとし生ける者すべての「いのち」を大切にする教えです。「いのち」とは私たち人間だけではなく、動物や山川草木《さんせんそうもく》までをも意味します。そして、その「いのち」はそれぞれが別個に存在しているわけではなく、みんながつながっていて、支え合って成り立っているものなのです。

さて、「仏教」という言葉をダイレクトにとらえると、一つには「仏の教え」、一つには「仏に成る教え」と受け取ることができます。私はこの二つの意味に仏教最大の魅力を感じます。

まず「仏の教え」とは、読んで字のごとく、悟りをひらかれた「仏」、つまり、お釈迦様の教えです。ものごとを正しく見なさい、嘘をついてはいけない、人には親切にしなさい、いのちを大事にしなさい……と、「道徳そのもの」といえる教えが満載。また、お経によって私たちを「必ず救うから」と励ましてくださったり、「こういう努力をしなさい」と教えてくれたり、いわば人生の師匠……コーチのような存在なのです。

では、「仏に成る教え」とはなんでしょう? これは、お釈迦様が「あなたたちも悟りをひらけますよ、頑張りましょう」と幾度となくおっしゃっていることからもわかるように、ナント! 私たちでも悟りをひらける教えだということなのです。

神と仏

私は常々、仏教は世界基準でいうところの宗教ではない、と感じることがあります。おそらく世界でいう「宗教」とは「神と私」の関係なのです。「神」とは絶対的な存在で、私たちが神になることはできません。しかし、仏教は「仏と私たち」という関係で、私たちもお釈迦様のように、いつか悟りをひらけるよ、という教えなのです。それは一種の「哲学」とも呼べるような気もします。

先日、テレビを見ていると、チビッ子体操選手の男の子が取材されていました。彼は世界で活躍する日本代表選手をテレビで見て、「僕もやりたい!」と母親に頼み込み、体操教室に通い始めたそうです。この番組を見ていて、エライもんやな～と感心しました。

私は昔から運動音痴でしたので、テレビでアスリートの方を見ても、それこそまさに「神」のような存在で、自分とはまったく無縁だと思っていました。なので、その選手に憧れて「自分も体操選手になろう!」などと思ったことはなかったわけです。つまり、これが「神と私」の関係だと思います。私の中にはただただ「この選手、すごい!」という驚きしかありません。選手がインタビューに答えている姿を見て、「この選手のこの言葉は参考になるな」と思うぐらいが関の山です。

しかし、この男の子は「すごい！」を通り越して、「自分もこうなりたい」と強く願ったのでした。そして現にテレビ局が取材にやってくるほど、小学生でありながら活躍しています。自分の目標の人がいて、自分もそれになりたいと思う、これが「仏と私たち」の関係のように思いました。

仏教は、それぞれの人間の得意な分野で悟りをひらけるといってくれます。なので私には、たとえ運動音痴であっても、職業である「落語」を通していつか悟りをひらけるかもしれないという大きな希望があるのです。

どんな世界でも「コーチ」と名のつく人は、その昔、自分自身もコーチから指導を受ける「生徒」でありました。しかし、その生徒がいつのまにか「教えられる側」から「教える側」に立つときがくるのです。

お釈迦様もその昔、悩みに悩んだ一人であり、そこから悟りをひらかれました。だからこそ、今度は悩みに悩んでいる私たちを救ってくださるコーチという立場に立たれたのです。

さて、世界でいちばん多くの宗教人口を誇るキリスト教は一神教です。全知全能の神です。神様一人で何でもできてしまわれる。だからこそ、たくさんの人々を救うことができるのです。実は、私の夫はクリスチャン（！）なのですが、とてもヌケているところがあって、「この人、よおこんなんで交通事故に今まで遭わへんかったな、詐欺にだまされへんかったな」とヒヤヒヤするくらいです。

正直申しますと、「この人、こんなに天然で今までよお死なんかったな！」というレベルです（大阪の人間はすぐにこんな言い方しますんで、どうぞご容赦を！）。そんな天然な夫でも、今日も幸せそうに暮らしている姿を見ると、その背後には神様の存在、イエス・キリストの存在を感じずにはいられないのです。夫は日々、全知全能の神に守られていて、死後、必ず天国に行ける切符を持っている、そのおかげで今日も生かされる喜びに包まれているクリスチャンなのです。

話を戻しましょう。キリスト教の神様は一人でした。ではなぜ、仏教には一人の仏さんだけでなく、いろんな仏さんがおられるのでしょうか？ 不思議ですよね。体の不調を治すのが得意な薬師如来《やくしにょらい》さん、救いを求める心の声を観じとってくださる観音《かんのん》さん、子供の面倒を見てくださる鬼子母神《きしもじん》さん。「諸仏諸菩薩《しょぶつしょぼさつ》」と呼ばれる仏さんたちには、それぞれ「得意分野」があることに私は注目します。

私たち人間は、つい一人で何でもできているように思いがちですが、実はそうではありません。支えあって生きています。一人暮らしをしていても、会社がなければ仕事もないし、お金があってもお米を作ってくれる農家さんがいなければ、お米を口にすることはできません。なので、「一人の力で生きている」ということは、ありえないのです。

たとえば、大阪に天神橋筋商店街という日本一長い商店街があります。会長さんは統率力があり、それぞれの店の主は自身の個性を活かしつつ、周囲の店と手を取りあって明るく商売をしています。それぞれがそれぞれのポジションで輝きあっているからこそ、「天神橋筋商店街」という、ひとつの名物商店街ができあがっているのです。

私は仏教が多神教であることの意味するところは、ココにあると思います。いろいろな仏さんがおられて、それぞれに得意分野がある。そこから読み取れるメッセージは、「だから、人間も一人で何でもできなくて当たり前。自分の個性を活かして頑張りましょうネ！」ということだと思います。

「神」はいわば「天才型」のコーチ、「仏」は「努力型」のコーチのようなもの。どちらに憧れて、どちらに自分のコーチになってもらうかは人それぞれです。

私は「神」も「仏」もどちらも素晴らしいと思いますし、そもそも比べる必要のない存在だと思っています。なので、信仰も人それぞれ。信仰が違っても、お互いにいがみあう必要はまったくなく、自分を成長させてくれる指導者を自分で感じ、知って、選び取り、自信をもって付いていけばよいのです。

諸仏諸菩薩

ではここで、先ほど登場した「諸仏諸菩薩」について少し触れてみましょう。仏教にはおおまかに「如来」「菩薩」「明王《みょうおう》」といった仏さんたちがおられ、それぞれ役割があります。

「如来」はお釈迦様、つまり釈迦牟尼《しゃかむに》如来はもちろん、阿弥陀如来や大日如来、薬師如来が有名です。中村元先生監修の『新・仏教辞典』(誠信書房)を見てみますと、「真理に到達したものの意味」とあります。そもそも「如来」には「来るが如く、去るが如く」という意味があるのですが、いったいどういうことでしょう?

私は落語家として入門した十八歳のときから、親元を離れて暮らしています。三年間の修業中は大師匠のご自宅に住み込みでお世話になりましたし、そのあと三年間は同じく大阪へ出てきている姉と同居していました。その後、結婚し、今は夫と暮らして四年目になりますから、大好きな母とはなかなか会う機会がありません。

しかし、そんな母と会えないからといって、毎日メールするわけでもありません。普段は特にやりとりはありませんが、相談ごとがあるときに、私からメールすることもありますし、母が愚痴をこぼしたいときに突然、電話がこちらへかかってくることもあります。これは、私と母が心と心でつながっているからこその関係です。

「来るが如く、去るが如く」とは、「あなたが私を必要とするときにはすぐ行きますよ、反対に、あなたが今はひとりで大丈夫、というときにはそっとしておきますよ」といった意味だと思っていただくとよいかもしれません。信頼関係があるからこそ、いつでもどこでも行ったり来たりできる心の関係。如来とは、常に助けてくれる存在であり、その出動準備がいつでもそなわっている、それはそれは頼れる仏さんなのです。

続いて「菩薩」。地蔵菩薩や弥勒《みろく》菩薩、観音菩薩が有名です。「菩薩」とは、悟りをひらくための修行中の段階のことをいい、のちに必ず悟りをひらけることが約束されている存在です。そしてその修行として、私たちのように困っている人間を助けてくれたりもします。なかでも弥勒菩薩さんは五十六億七千万年後に悟りをひらくといわれています。気が遠くなるような遥か先ですが、その意味するところは「いつか必ず」悟りをひらける、という希望そのものなのです。

ちなみに、私の好きな法華経では、この「菩薩」に重点を置いています。私たち仏教徒も、悟りをめざしているという今の段階がすでに菩薩であり、だからこそ菩薩としての修行をしましょう、努力しましょうというメッセージがお経の中にテンコ盛りなのです。

「え？ 自分も菩薩？ 修行せなアカンの？ え……どないしよ」とちょっと逃げ腰になったアナタ、ここまで来たらもう後戻りはできませんよ？ 大丈夫、お釈迦様を信じて一緒に修行に励みましょう！

「明王」といいますと、不動明王のイメージが強いように思います。明王は、如来と表裏一体の存在、つまり化身《けしん》です。不動明王は怖い顔つきなうえに右手には剣、左手には鎖を持っておられますが、あれは、怖い顔つき、道具を用いてでも人間をよい方向へと導くためなのです。

私の師匠・露の団四郎はとても心優しい方です。しかし、修業中はそれはそれは怖い顔で毎日めっちゃくちゃ怒られました。今にして思えば、このお不動さんと同じ。私をよい方向へ導くために、本来はされないであろう怖〜い顔で私を指導してくださったということとですね。
「如来」「菩薩」「明王」といった、あらゆる仏さんには優しい顔、怖い顔、いろんな役割がありますが、それはすべて私たちを悟りに導くため、の一言に尽きますので、外見だけで仏さんを見てしまわず、その真意をしっかりと理解して、そのお慈悲の中で生かされていくのが、私たち仏教徒のあるべき姿ではないでしょうか。

七仏通戒偈

さて、私は普段、「仏教を簡単に説明してください」といわれると、「七仏通戒偈《しちぶつつうかいげ》」という偈文《げもん》を紹介しています。「七仏」とは、お釈迦様と、お釈迦様以前に存在したとされる六人の仏さんを合わせた七人の仏さんをいいます。その七人の仏さんが共通して説かれた教え、偈文というのが「七仏通戒偈」です。短いので読んでみましょう。

「諸悪莫作《しょあくまくさ》　衆善奉行《しゅぜんぶぎょう》　自浄其意《じじょうごい》　是諸仏教《ぜしょぶつきょう》」

読み下しますと、「もろもろの悪を作《な》すこと莫《な》く、もろもろの善を行い、自ら其《そ》の意《こころ》を浄《きよ》くす、是《これ》がもろもろの仏の教えなり」となります。つまり、「悪いことはしたらアカン、エエことしよ、そうやって自分の心をキレイにするのが、仏教やで」というワケです。

こんなん、幼稚園の子に母親がいい聞かせていることと何の違いもないのですが、ええ大人でもできないことであるのが事実です。だからこそ、難しい。

仏教とはたいへん「シンプル」な教えではありますが、決して「単純」ではなく、それを実践していくことが非常に難しい教えといえるのです。

仏教と苦しみ

先日、雑誌の取材で「苦しみがなくなる方法は何ですか?」と聞かれました。私は尊敬する荒了寛先生（天台宗・ハワイ別院住職）の言葉をご紹介しました。荒先生はいわれています。

「苦しみがなくなるのではない、苦しみでなくなるのです」

仏教は魔法ではありません。この世はつらいこと、苦しいことがいっぱいである。それをきちんと見つめ、認めたうえで、その中でよりよく生きるにはどうしたらよいか、苦しみを苦しみと思わない朗らかな心を育てる教えだということです。

まわりが変わるのではなく、自らが変わるのが仏教。そして自分が変わると、あれだけ変えたかったまわりが自然と変わってくるのかもしれませんね。

小乗・大乗とは

仏教にはおおまかに「小乗《しょうじょう》仏教」と「大乗《だいじょう》仏教」があります。現在、日本で親しまれている仏教は「大乗仏教」に該当します。「小乗仏教」という言葉は、実はあんまりエエ意味の言葉ではなく、私は好みません。というのも、「小乗」という言葉は「大乗」に対して「懐の小っちゃい教え」といわんばかりに登場した言い方なので、そこには少〜し失礼な意味が含まれているのです。

私は、どちらの教えのほうが優れているとは、いいがたいと思いますし、そもそも、どちらもお釈迦様の教えには変わりないわけですから、ぜひ読者の皆さんには平等な目線で見ていただき、「小乗」ではなく、本来の「上座部《じょうざぶ》」という言葉で覚えていただきたいと思います。

「上座部仏教」は、主にスリランカなどの東南アジアに伝わった仏教をいい、戒律をしっかりと守るお坊さんの集団と、それを支える信者さんによって成り立っています。お釈迦様の教えを純粋に守ってきた仏教でもあり、いわば厳格な出家主義。個人の修行や実践に重点を置きます。

「大乗仏教」は「マハーヤーナ」ともいい、「大きな乗り物」を意味します。教えの範囲や考え方、とらえ方の幅が広く、出家、在家を問わず、「みんなで悟りという大きな乗り物に乗ろう！」という仏教です。特徴は「利他行《りたぎょう》」といって、人のために何かよい行いをすることが、自分の修行になる、それによって皆で救われていくという教えです。

なので、先に述べた「小乗」という言い方は、「大乗」から見ると、「こっちは皆で幸せになろ、いうてんのに、そっちは独りよがりな仏教やな」という意味で生まれてしまった差別的な言葉です。しかし私個人としましては、自分自身が頑張って悟りをひらいて、在家の方々を導く上座部はとても尊いものであると思いますし、出家と在家が手を取りあって一緒に悟りへの道を歩む大乗仏教もとても大事だと思います。

八万四千の法門（教え）があるという仏教です。お釈迦様の目標はただひとつ、私たちを悟りへ導くことです。細かいことといわんと、アノ手コノ手、使える方法を使えるだけ使って、悟りへ近づけたらよいのではないのでしょうか。

結局は「悟り」という東京ドームのような広～い場所に、自家用車で集合するのが「上座部仏教チーム」、マイクロバスで各地から集合するのが「大乗仏教チーム」というわけです。

どちらの手段で来ようとも、東京ドームの芝生はアナタを喜んで迎え入れてくれるはずですよ。

お経とは

そもそも、仏教と聞くと、たいがいの人が思い浮かべるのが「お坊さん」「お葬式」、そして「お経」やと思います。正直いうて「お経」イコール「つまらない」「長い」「ワケがわからん」という人が多いのではないでしょうか？　では、お経にはいったいどういう意味があるのか、そしてお経の取り扱いについてご紹介したいと思います。

まず、お経とは、お釈迦様の教えが書いてある「教科書」のようなものやと思ってください。お釈迦様ご自身が書かれたわけではありませんが、たくさんのお弟子さんたちによって「自分はこう聞いた」「お釈迦様がこれについてはああやっておっしゃっていた」ということがまとめられたものです。その証拠に「如是我聞《にょぜがもん》」という言葉から始まっているお経が多いのですが、これは「私は次のように聞いた」ということを意味します。

お経は内容別に分けると、三つのタイプがあります。
・お釈迦様の教えをまとめた「経蔵《きょうぞう》」
・仏教徒としての行いや戒律をまとめた「律蔵《りつぞう》」
・お経の説明をしている「論蔵《ろんぞう》」

この「経」「律」「論」を三つ合わせて「三蔵《さんぞう》」と呼びます。「三蔵」と聞くと、すぐに思いつくのが『西遊記』で有名な玄奘三蔵法師《げんじょうさんぞうほうし》ですネ。三蔵法師は先述の「三蔵」に精通している偉いお坊さんのことをいいます。なので、玄奘三蔵法師とはフルネームのように聞こえてしまいますが、「経・律・論に精通している偉いお坊さん、玄奘和尚」という意味なのです。

さらに、教義別に三つに分けることもできます。
①お釈迦様が直接お弟子さんに説いたといわれる教え「初期経典」
②衆生救済を目的とする菩薩の実践が説かれる「大乗経典」
③秘伝（灌頂《かんじょう》）を受けた修行者向けに秘密の教えが説かれた「密教経典」
①は上座部仏教に用いられる経典、②は主に在家信者向けに説かれた経典、③は日本では天台宗や真言宗が用いる「密教」の教えが説かれている経典を意味します。

私たちに日ごろ親しみのある「般若心経」や「法華経」、「阿弥陀経」などは大乗経典に属します。「般若心経」には、苦しみ多いこの世を、心のもちようひとつで楽しく明るく生きる智慧が書いてありますし、「法華経」には人生の努力の仕方や信仰の喜び、仏教徒の心構えが説かれています。また「阿弥陀経」には極楽のきらびやかな様子が描かれており、一度その浄土の姿を垣間見れば、「ああ、ホンマにこんなところへ行けたらな……」と心底願わずにはいられない、苦しみのない世界がそこにあります。

どのお経もその内容をひとたび知れば目からウロコ。最近ではわかりやすい解説書もたくさん出ていますので、興味のあるお経、毎日お唱えしているお経の解説書を一度読んでみると、日々のお勤めも楽しいものに変わってくるかもしれません。

世界共通のお経「三帰依文」

さて、現在の日本仏教では宗派によって用いるお経が異なるので、実のところ各宗派のお坊さんが集合した際に共通で読めるお経がありません。いずれかの宗派が「うちの宗派ではホンマは読まへんけど……」という妥協をしていただいて、初めて「全員で○○経」という状態になります。しかしそんななか、とてもとても短いお経なのですが、日本仏教のみならず全世界共通で読むことのできるパーリ語のお経があるのです。それが「三帰依《さんきえ》文《もん》」です。まさに宗旨宗派問わずとは、このこと！ みなさんもどこかで耳にしたことがあるかもしれません。

「三帰依文」
ブッダーン、サラナーン、ガッチャーミー♪
ダンマーン、サラナーン、ガッチャーミー♪
サンガーン、サラナーン、ガッチャーミー♪

日本語に訳すと、「仏様に帰依します、法に帰依します、僧（ここでは仏教徒の仲間たち）に帰依します」という意味になります。仏教では「三宝《さんぽう》」といって、「仏《ぶっ》・法《ぽう》・僧《そう》」の三つを大切にします。その一つひとつに帰依します、という、信仰の基本ともいうべきお経が三帰依文なのです。

お経の取り扱い説明書

「お経」のことがだんだんとわかってきました。では、実際にはお経をどのように取り扱えばよいのでしょうか？　その指針となる「五種法師《ごしゅほっし》」という教え、いわば取・扱・説・明・書が法華経の中にあります。これは「受持《じゅじ》」「読《どく》」「誦《じゅ》」「解説《げせつ》」「書写《しょしゃ》」という五つの行いです。

まず「受持」、これは「教えを深く信じ（受）、心に固く持ち続けること（持）」をいいます。たとえていうならば、この段階ではお釈迦様から「仏法というプレゼントをもらった」状態ですね。

次に「読」「誦」です。これは、字のごとくお経を読み、お唱えすることをいいます。お唱えするうちに口が、体が、お経のリズムを覚えていきます。お釈迦様から「もらったプレゼントを、とりあえず使ってみる」といったところでしょうか。

「解説」です。これは「げせつ」と読みますが、お経の意味を人に説明することです。説明するには勉強して意味を知ることも必要です。これは私自身の経験ですが、とりあえず「読誦」を先に行っていると、お経の言葉が体に染みついているので、意味を勉強しても実にすんなり体に入ってきます。「意味を知ってからお経をお唱えする」という方法もよいのですが、この「五種法師」でいわれている順番、「お唱えすることに慣れてから意味を勉強する」という方法が、やはりオススメです。お釈迦様からいただいたプレゼント、「とりあえず使っているうちに、なんだかだんだん使い勝手がわかってきたかも？」という状態です。

最後の「書写」、これはお経を書き写す、つまり「写経する」ということです。そもそも写経は古くから大切な仏道修行とされてきました。写経をすると、他の人にお経の素晴らしさを広めることができるうえ、自分の中の信仰心を再確認することができます。まさにお釈迦様からもらったプレゼントが「素晴らしかったから、他の人にもぜひ知ってほしい！」という状態です。

お経は、お釈迦様からいただいた最高のプレゼントです。一生かかってもよいので、まわりの人にプレゼントの素晴らしさを広めることが、理想的なお経の取り扱い方といってもよいでしょう。

コラム①……お勤めは最高の WinWin シチュエーション？

先日、海外在住だった姉が帰国しました。久々の楽しいお茶タイム。私は最近あった仕事の話をしました。「ほんでな、その人もちょうど私みたいな落語家を探しててんて！　私も私でそういう仕事一度してみたいな～思ってたから、ちょうどよかってん！　しかも、出演料も向こうの予算とこっちの希望がちょうど一緒でな、お互い『よかったわ～、助かったわ～』いうて！」。……すると姉が、「そういうのん、英語で WinWin シチュエーションっていうんやで？」「何それ？」「主に仕事とかで、互いに利益になること、損をしないこと、つまり双方にとって嬉しい状況になることをいうねん。せやから『Win（勝つ）』『Win（勝つ）』シチュエーション」。

「へえ～っ！」と感心しました。近江商人の「三方良し」のような考え方が海外にもあるのですね。実は私はこの「WinWin シチュエーション」の話を聞いて、日々の「お勤め」そのものやん！と思ったのです。

よく友だちに、「お勤めって何のためにすんのん？　正座して、長いお経読んで、苦行？（笑）」てなことをいわれます。そもそもお釈迦様は「苦行」を否定しておられますので、まず修行に「苦行」はありません。「行」とは仏教徒が喜んで行うものです。そこで日常的に出家・在家問わず親しみのある「行」が「勤行《ごんぎょう》」、つまり「お勤め」です。朝夕に仏壇の前に座り、お線香をあげ、お経をお唱えします。

私は、朝の勤行はお釈迦様との「モーニングコール」やと思っています。「おはようございます〜！　今日の仕事はこんな内容ですねんけど、頑張ります！　ちょっと不安なこともありますけど、どないかやってみますわ〜！」てな感じです。

ちなみに比叡山で修行中、「仏様は香がお好きである」と聞きましたので、お線香やお経をあげることはお釈迦様への差し入れのようなもの。落語家の弟子が修業があけてからたまに師匠のご自宅へ寄せていただくときに、お酒の一本やケーキを買って行くのと同じ感覚です。そしてお土産があると、師匠も嬉しそうな顔をしてくださるのは世の常です。

夕方のお勤めは「結果報告」ですね。「今日一日、こんなんでしたわ〜。でも、〇〇さんにうまいこと助けてもーて、ホンマ感謝ですわ。しかしやっぱり人間、ひとりではどないもでけんことありますね。どうかお釈迦様、こんな私にまた力を貸したってください、お願いします！」……とお話しします。そして、おすがりする気持ちでお経をお唱えすると、体中に、その胸に、明日へのエネルギーがまた不思議と満ち満ちてくるのです。

仏教徒にとっての「お勤め」は、その日一日の「やる気」と「反省」を自分に再確認させてくれる、心の安穏を得られる瞬間です。そして、お経をあげる対象者であるお釈迦様にとっても「お勤め」は、弟子である私たちとの「ほうれんそう（報告！連絡！相談！）」。「ヨシヨシ」と嬉しい気持ちになっておられること間違いなしやと思います。

「お勤め」は、自分も嬉しい、お釈迦様にとっても嬉しい、最高のWinWinシチュエーションなのです。

第II章

法華経についてのお話

諸経の王

さて、仏教にはいろんなお経が存在することがわかりました。特に私が籍を置いておりますす天台宗の総本山・比叡山延暦寺では、時と場合に合わせてたくさんのお経を用いることで有名です。基本的には「朝題目《あさだいもく》に夕念仏《ゆうねんぶつ》」といって、朝のお勤めでは「法華経」を、夕方のお勤めでは「阿弥陀経」など、お念仏の行《ぎょう》を行います。なかでも私の好きなお経は「法華経」です。正しくは鳩摩羅什《くまらじゅう》さんという人が訳した「妙法蓮華経《みょうほうれんげきょう》」をいいます。

私はこのお経に出会い、今までの人生がこれからは百倍オモロクなる予感が……いえ、確信を得ました!! それくらい魅力的でパワフルなお経なのです。その力強さはもしかすると大阪のオバチャンの図太さに匹敵するかもしれません。

「法華経」は紀元一世紀ごろに成立したといわれている、全二十八品《ほん》(二十八の章)からなるお経です。仏教でよく使われるサンスクリット語では「サッダルマ・プンダリーカ・スートラ」といい、「正しい教えである白い蓮の花」を意味します。

なぜ蓮なのか? 蓮の花というのは、泥の中から咲きます。私は小さい頃、「泥の中からでも、こんなにきれいな花が咲くの!?」と驚きました。私たちは常に泥ならぬドロドロした欲望の世界、苦しみの世界に身を置いておりますが、その泥に自らまみれる必要もありませんし、まして「どうせこんなドロドロの場所にいるのだから、きれいな花を咲かそうなんて無理に決まってる」とあきらめることもないのです。

私たちもあの泥中の蓮のように「たくましく目標に向かって生きていきましょうよ！」というお経が、法華経なのです。

さて、その気になる中身はといいますと、お釈迦様が霊鷲山《りょうじゅせん》という山で説法をされているところから始まります。このロケーションを整理しておきますと、

・場所……霊鷲山
・説法している人……お釈迦様
・聞いている人……菩薩、弟子、たくさんの信者（老若男女いろいろ）
・内容……法華経の功徳・信仰のあり方、その喜び
・サプライズ……説法中にいろいろな仏様の登場や天花が降ってきたりすることアリ

となります。ちなみに世間では法華経を「物語」という人がいますが、そのようなとらえ方だと、少々お経の中に溶け込みづらいように思います。法華経を読む、理解しようとするときは、「自分も霊鷲山でお釈迦様の話を聞かせていただいている一人や！」という意

識をもっていただくのがおススメです。自分自身がその教えの「対象者である」という認識が芽生えると、難解なお経が実にすんなりと入ってくるものです。

私は初めて法華経に出会ったとき、疲れ疲れた体を温泉に浸からせたような気分でした。温泉の成分がじ〜んわり体に染み込み、全身に血がめぐり、「よーし！ やったんでー！」という活力が湧いてきたのです。それだけにとどまらず、さらに読みすすめた結果、法華経にはたくさんのありがたい功徳があることもわかったので、湯上りに特別サービスでソフトクリームまでついてきたかのようなラッキー感でした。

「法華経」は、実は業界内（？）でスゴイ肩書きをもっています。そう、「諸経の王」と呼ばれているのです。もろもろのお経の中でのナンバーワンですから、不動の地位であることに間違いはなく、その教えには肩書きどおりのものがあります。

では、なぜ法華経が「諸経の王」と呼ばれるようになったのでしょうか？

それはこれからこの本を読んでいただいてのお楽しみです♪

迹門・本門

法華経は二十八の章でできているとお話ししました。おおまかには、前半と後半で内容が分かれています。

まず前半を「迹門《しゃくもん》」といいます。ここでは主に「みんな仏になれるよ！　悟りをひらけるよ！」ということが書かれています。それまでの仏教では、「こういう人はアカン、あいつでは悟りをひらけん」という記述や教えが多々ありました。なので、その「悟りをひらける条件に当てはまらない人」たちは、さぞかしガッカリしていたことと思います。

出生や身分・性別などで不当な差別を強いられ、本人にとっては不可抗力なことで生き方や人格を否定されているからこそ求めている「救い」です。しかしその「救い」である宗教までもが差別をしていたのでは話になりません。

だからこそ、ここで「みんな悟りをひらけるよ」という「魂のうえでの絶対平等」が説かれたことによって、仏教の本領発揮となり、大乗パワーが稼働し始め、たくさんの人々が自分自身への可能性を感じ始めたのです。

そう、まさにここからが本番。オリンピックでいうところの開会式。聖火ランナーはお釈迦様。アナタは観客ではなく選手として今日ここに立っているのです。これからどんな試合が繰り広げられるのか、精いっぱいやれるのか、どんな感動が生み出されるのか、そんな希望に満ち溢れる心にさせてくれるのが「迹門」と呼ばれる部分なのです。

そして、法華経の後半部分を「本門《ほんもん》」といいます。「本門」ではお釈迦様が永遠の命をもっておられる存在、つまり「久遠仏《くおんぶつ》」であることが説かれています。

私たちは、身内や親しい友人が亡くなると、心の底から悲しみを感じます。それは筆舌に尽くしがたいもので、おじいちゃんやおばあちゃんなど「天寿をまっとうした」といえるような高齢の方でも寂しい思いがするぐらいですから、まして若くして亡くなったり、不慮の事故で亡くなられた方がいると、「あのときにあれをしとけばよかった、なぜもっと優しい言葉をかけられなかったのか」と、何かしらの後悔が心の中に大なり小なり芽生えてきます。そしてその感情は「ずっと一緒にいたかった、ずっと共に生きていきたかった」という思いがあるからこそ、湧いてくるものだと思うのです。

お釈迦様はどうでしょう？　のちほど詳しく述べますが、私は日頃、お釈迦様のことを「人生の師匠」と呼び、「親」ともいい、ときには「絶対に裏切らない恋人」と表現します。師匠も親も恋人も、ずーっと一緒にいてほしい存在です。なので、お釈迦様がこの世から消えてなくなるというのは、どうしても耐えがたいものがあります。そんななか、お釈迦様は法華経を説かれている舞台である霊鷲山で、「私は、はかりしれない昔に悟りをひらいて、いろんな人を導いてきた。そして、これからも永遠に私は生きている」ということをいわれたのです。

これからも永遠に生きている――「何？　ほな、お釈迦さんは不老不死いうことかい！　それやったら今からここに連れてきて証拠見せてーな！」てなことをいわれると困ります。

つまり、お釈迦様が「私は過去からずっといますよ、これからもいますよ」と宣言をされた「久遠」とは、簡単にいえば「人生何十年」という人間の肉体的な問題ではなく、お釈迦様の「教え」が「お釈迦様として」これからもずーっと生きていき、その「教え」がずっと私たちを教化《きょうけ》・加護《かご》していく、ということなのです。

「仏の教え」と書いて「仏教」。「仏」に帰依する、のはもちろんですが、私たち仏教徒は「仏の教え」に帰依し、与えられた命、生かされている命を歩んで行く存在なのです。

さらに「本門」では、その永遠の存在であるお釈迦様の教えを知ってもらったうえで、法華経を広めるための大々的なメンバー募集が行われます。この本を読み終える頃に、アナタ自身がこのメンバー募集に立候補していただくことになるのが、私が本書を書いている一番の目的です。

1　はじまりまっせ！……序品第一

法華経は難解なお経として、世間からは少し煙たがられがちです。私自身もその勉強の仕方にアレコレ悩みましたが、やはり二十八の章を一つひとつ、ゆっくりと見ていくことがいちばん頭の中で整理しやすく理解が深まりましたので、本書ではそのような形をとらせていただきたいと思います。

といっても、私はお坊さんでもありますが、何より本職は落語家です。そんなに難しい話にはならんと思いますので、どうぞ肩の力を抜いて、お茶でもすすって、寝転んで……と、ここまでいくと行きすぎですが、気軽な気持ちで読んでいってください。

法華経のスタートを「序品《じょほん》第一」といいます。この章は法華経が「はじまりまっせ！」というプロローグの章やと思ってください。なんせ、その始まり方がスゴイのです。昔から、大きなことが起こる前には必ず前兆があります。諸経の王といわれる法華経ですから、やはり例外ではございません。舞台である霊鷲山に不思議なことが起こりました。

まず、お釈迦様が無量義経というお経を聴衆に説かれ、「法華経を信じると、こんなことが起こるよ！」と、その功徳を説かれました。そして瞑想しながら、「みんなが仏になれるよう導くぞ！」と強く心に誓われたのです。その後、目をカーッ！と……見ひらいたかどうかはわかりませんが、瞑想状態から意識を起こされると、天から花が降ってきました。地面がゴゴゴ……と動き始めます。人々が期待に胸を高鳴らせると、お釈迦様の眉間の白毫《びゃくごう》からそれはそれは眩《まぶ》しい光が放たれ、世界中を照らしたのでした。

すると、この光が映画館のように映し出したのは「六道《ろくどう》（地獄・餓鬼《がき》・畜生《ちくしょう》・修羅《しゅら》・人間・天）」の世界。それぞれの世界で、それぞれの仏さんたちが説法をしている姿が見えます。「地獄に仏」なんて日本語がありますが、地獄の世界であっても、そこで苦しむものたちを救おうとしている仏さんが現におられることもわかりました。さらに耳をそばだてると、その説法の内容も聞こえてくるので驚きです。そして、お坊さんや信者さんがいろいろな修行をして悟りをひらいていく姿、菩薩さんたちが頑張って修行している姿が見えました。

これらの不思議な光景を目の当たりにした弥勒菩薩さんは、文殊菩薩さんに聞きました。

「今の大きな光にはいったいどういう意味があるのだろう?」

するると、文殊菩薩さんが答えました。

「実は私、過去世においてこのような風景を見たことがあるのです。そのときの仏様は、お名前を日月灯明仏《にちがつとうみょうぶつ》といいますが、その仏様は声聞《しょうもん》には〝四諦《したい》〟を、縁覚《えんがく》には〝十二因縁《じゅうにいんねん》〟を、菩薩には〝六波羅蜜《ろくはらみつ》〟をと、それぞれの能力に応じた大法を説かれました。なので、今まさに同じ状況にあるということは、今から素晴らしい教えが説かれようとしている、ということではないでしょうか! おそらく今からお釈迦様は〝妙法蓮華〟、〝教菩薩法《きょうぼさつぽう》〟、〝仏所護念《ぶつしょごねん》〟という〝菩薩の道の歩み方、行じ方を教える法〟を説かれるはずですよ! ありがたく、合掌して待ちましょう! これから大法が説かれます! 道を求める者はもちろん、まだお釈迦様にどこか疑念をいだく人も、これから起こることにその疑念はなくなるはずです!」

これから大法が説かれるよ!という文殊菩薩さんの宣言に、その場にいた者はみな期待に胸が高鳴るのでした。

「はじまりまっせ!」の掛け声がかかった、「序品第一」です。

2　嘘、インネンも怖ないで……方便品第二

こんにち、世間ではオレオレ詐欺が横行し、詐欺師の巧みな嘘にだまされ、せっかく苦労して貯めたお金を手放してしまう人が後を断ちません。特に大阪の人間は「一攫《いっかく》千金」ものの詐欺に引っかかりやすいのやそうで、こんなところにまで関西という地域性が出るものなのかと驚きましたが、なぜか納得もしてしまいました。

さて、そんな詐欺師たちは日々アノ手コノ手で嘘をつき、人さんから金を巻き上げることばかり考えていますが、実はお釈迦様も悟りをひらいた人でありながら「嘘つき」であったといいます。

よお、「嘘も方便」てな言葉を聞きますが、実はコレ、法華経から出てきた言葉で、お釈迦様が私たちをよい方向へ導くためにつかれた「よい嘘」のことなのです。人を陥れる悪い嘘は絶対にあきませんが、お釈迦様が私たちを導く手段としての嘘ということになります。

法華経の第二章である「方便品《ほうべんぽん》」は、お釈迦様が舎利弗《しゃりほっ》さんに語りかけられるところからスタートします。舎利弗さんは「智慧第一」といわれた釈迦十大弟子のひとりで、司祭階級であるバラモンの家に生まれた、つまり、大阪弁でいうところの「ちょっとエエとこの子ぉ」やったそうです。

もともと「智慧」という言葉は「ものごとをありのままとらえ、冷静に判断し、それを考える力」をいいます。そんな「智慧」がそなわっている舎利弗さんですから、師匠であるお釈迦様からの信頼は絶大であったこと間違いなしと考えられます。

さて、そんな舎利弗さんをはじめ、お釈迦様がこれから説かれるであろう「大法」に胸を高鳴らせている民衆に対し、お釈迦様はここで意外にもガッカリ発言をされたのです。その内容とは「仏の智慧は難しいから、そう簡単にはわからんで！」というものでした。

それを聞いた人の中には「エー！　私らにでもわかるように、悟れるようにしてくれるんちゃうんかい！」と心の中で思わずツッコミを入れた人もたくさんいたと思います。

さらに「世にいう〝真理〟は、仏と仏にしかわからん！」とまで断言されてしまわれたのです。これを専門用語で「唯仏与仏《ゆいぶつよぶつ》」といい、その仏と仏にしかわからん！ものが、「諸法実相《しょほうじっそう》」です。

仏教学者・中村元先生監修の『新・仏教辞典』によりますと、「諸法実相」とは「諸法とは現象としての存在のこと。実相とは現象の背後にある真実な実在のこと。法華経の思想の一つで、現象の背後にある実在を把握しなければ、人間として生きている生き甲斐を体得することはできないというのである」とあり、ものごとは以下の十項目が関係しあって成り立っているといいます。

その十項目とは、①すがた、②性質、③形、④能力、⑤はたらき、⑥原因、⑦縁、⑧結果、⑨未来、⑩そのすべて、以上が絡み合っており、この十項目をありのまま見ることが大切やとおっしゃったのです……と、書いてはおりますが、ぶっちゃけ私自身、この部分に関して今までなんのこっちゃサッパリわかっていませんでした。が！先日、国民的アイドルグループ・A◯B48の熱心なファンの方との会話で、「もしかして、これのこと？」と思うことがありましたので、ご紹介したいと思います。

A◯B48結成当初から応援を欠かさないAさん。頭の先から足の先までA◯Bグッズ一色なので、思わず聞いてみました。

「A◯B48、みんな可愛いし、大人気の理由はよおわかるんですが、会社を休んでまでコンサートに行かれるAさんは、A◯Bの特にどんなところが好きなんですか？」

するると、彼は鼻息荒く答えました。

「団姫さん、A◯Bのホンマの良さは彼女たちと熱狂的ファンであるボクらにしかわからへんのですよ！」

あのときの彼のドヤ顔が忘れられません。

「まず、彼女たちって、一人ひとり、めっちゃ顔が可愛いし、スタイルもいいわけですわ。で、アイドルとしてのオーラ、才能もある。ソロ活動はもちろん、グループで活動する柔軟性ももってる。しかも、グループになると、それぞれがさらなる輝きを放つんですわ。その姿にボクらファンも勇気をもらえる。そして彼女たちとボクらファンが一緒になって、はじめてコンサートが大成功になるってワケです！　それもこれも盛り上げ役のプロデューサー、秋◯先生がいるからできることで、彼女たちとプロデューサーとファンのボクらがいて、A◯B48が成り立っているということです！　これのどれが欠けても国民的アイドルグループには育たなかったと思うんです！」

時代は違えど、お釈迦様のいいたかったことって、これなんかな？と思いました。どういうことかって？　では、先ほどのA〇B人気の理由を先述の十項目になぞらえて、おさらいしてみましょう。

①すがた…メンバーそれぞれが可愛い顔、抜群のスタイルであり、
②性質…アイドルとしてのオーラ、才能をもっている。
③形…ソロ活動はもちろん、グループ活動もできる柔軟性をもつ。
④能力…そんな彼女たちがグループになると、絶大な輝きを放つ。
⑤はたらき…すると、ファンが元気をもらえる。
⑥原因…なぜなら、彼女たちの頑張っている姿が人を感動させるから。
⑦縁…そこには彼女たちとファンをつなぐプロデューサーの存在があり、
⑧結果…だからこそコンサートが大成功という結果になる。
⑨未来…コンサートが成功するとA〇Bメンバーも、秋〇プロデューサーも、ファンも、みんな嬉しい。
⑩そのすべて…つまり、①〜⑨までのすべての条件が揃っていて、はじめてA〇B48という国民的アイドルグループが成り立っていて、どれが欠けてもいけないということ

になる。だからこそ、A◯Bの本当の良さは「メンバーと、それを応援しているファンにしか実のところわからない」。

ということになります。

お釈迦様がいいたかったこと、少しはイメージしていただけましたでしょうか？　ものごとはいろんな要素が絡みあって成り立っているということなのです。なので、A◯Bのことを知ろうとしても、彼らのいう「真の良さ」までは、熱狂的なファンにならなければ結局のところ辿りつけないのと一緒で、お釈迦様は「悟り」というものの真実を知るのは相当に難しいことであるとおっしゃったのです。

さて、この発言が、人々の心には「おまはんらでは悟りは無理無理！」と聞こえたようです。これを聞いて「自分たちは悟っている」と思い上がっていた人たちは腹を立てて、お釈迦様の前を去って行ってしまいましたが、お釈迦様は彼らをあえて追いかけませんでした。

世の中には多方面において「先生」と呼ばれる人がたくさんいます。もちろん、その名にふさわしい方も大勢いらっしゃいますが、なかには「こいつのどこが偉いねん！」と心の中で叫びたくなるような人がいるのも事実です。現に私もそのような人に出会ったことがありますし、みなさんも一度や二度、ご経験があるのではないでしょうか？

実はお釈迦様の時代にも、このような人々がいました。他人から尊敬される立場にあり、それを鼻にかけ、胡座をかいてしまった人たちです。お釈迦様といたしましては、こういう人たちほど悟りへ導くのは難しいので、一度目を覚ましてもらうため出直してきてもらおうとのお気持ちから、わざとその場を立ち去らせる方法をとられたのです。そして結局、ここには謙虚な気持ちでただ「悟りたい」と願う人々が残りました。

そんなわけで、この章では、まず初めにお釈迦様による「メンバー分け」がされたことになります。自分は偉い、自分はスゴイと勘違いしてしまっている人はまたの機会に（決して見捨てたわけではないのでご安心を）、そして純粋な気持ちで悟りを求める人たちに残ってもらいました。

昔から「縁無き衆生は度し難し」という言葉があります。つまり、「ヤル気のない者にはまわりがどれだけ手を差し伸べても何にも意味がない」ということです。たとえば、勉強する気がまったくない子供を親が無理やり塾に入れても成績は伸びませんが、目標の受験校が決まっている子供を塾に入れると成績がグングン伸びるのと同じ現象です。

ここでは自分はスゴイと勘違いしていた人たちは、その傲慢な気持ちから、お釈迦様の話を心の底から聞く気になっていません。つまり、ヤル気がないので今ここにいても意味がないメンバーなのです。いつか傲慢な自分を見つめなおし、本当に悟りへのヤル気が出たときに改めて仏の教えに耳を傾けに来てくれたら、必ずや悟りの道に入れることになるのでしょう。

さて、そんなこんなで、「お釈迦様は私たちは悟れないとおっしゃったけど、とにかく話を聞いてみよう！　何が何でも悟りたい！」と思った熱い志の人々、そしてお弟子さんたちに、お釈迦様はやっとみんなに集まってもらった「インネン」を語り始められました。

今では「インネン」と聞くと、その筋の人が道で勝手にぶつかってきて、「おーい、ネエチャン、どこ見て歩いとんねん！　アーン？」というシーンを思わず想像してしまいますが、もともとは「因縁」という漢字があり、「因」とは結果に結びつく「直接原因」、「縁」とはそれを助ける「間接原因」をいいます。

お釈迦様はご自分がここへ来た目的「因縁」を「ただただ皆を悟りの境地へ導くためにやってきたのだ」とおっしゃいました。

つまり、お釈迦様は私たち人間にとっていちばん大事なこと「人はなぜ生きるのか」を教え導くことが目的で、その大いなる「縁」があって、ここへ現れたのだといわれたのです。

私たち人間は、犬や猫が自分の尻尾を追い回すかのように、常々くだらない欲望や悩みに振り回され、迷いの世界を彷徨っています。その状況から脱するためには仏の教えを喜んで聞き、精進すれば、悟りをひらいて心の底から安楽を得ることができるのだとお釈迦様は示されたのです。なんと嬉しいことでしょう!!

インネンをつけられて困った人はたくさんいるでしょうが、お釈迦様からのインネンは「ここで会ったが百年目、一緒に悟りの道、あゆまへん?」という、なんとも嬉しいお誘いだったのです。

お釈迦様の口から発せられる「嘘」や「インネン」は、常にお慈悲一〇〇パーセント!どれもこれも私たちを悟りへ導く「手段」であると知った今、お釈迦様と私たちの間に強力なご縁を感じた「方便品第二」でした。

3 めっちゃ得してもーたわ〜！……譬喩品第三

平成二十六年四月一日より施行された「消費税増税」。庶民にとっては耳の痛いこの言葉。年明けから全国各地を駆け巡り、特に残り一カ月となった三月には、マイホームを思い切って買う人、婚約指輪を見に行く人、引っ越しをなんとか済ませようとする人で世間はごった返しになりました。

かくいう私も増税前最終日であった三月三十一日、スーパーに行き余計なもんをアレコレ買ってしまいました。旦那は旦那で増税一〇分前の深夜、コンビニへ行き、お腹も空いてないのに菓子パンを買う始末。国民全体がテレビの煽りにまんまと引っかかり、「税金が高こなるから！」という理由でいらんモンまで買ってしまった一カ月のように思います。

さて、私たちは常日頃から欲望の絶えないこの世の中で、その愚かさ、危険さに気がつくことなく暮らし続けています。もしも、どこぞのＳＦ映画のように地球を外から見ている人がいたら、私たちはとんだピエロに見えることでしょう。小さな人間が戦争をしあって、殺しあって、物を奪いあい、罵倒しあう。愛欲に溺れ、男女の道をはずし、金のためには手段を選ばない。

私たち人間は、一人ひとり「生かされている」という、とても「ちっぽけな存在」でありながら、「尊い命」を預かっている「かけがえのない存在」でもあります。そんな私たちですから、せっかくの人生を欲望に振り回されている「ピエロ」では、カッコ悪いことこのうえなし。そこでお釈迦様は、弟子であり子供である私たちを救うためにやってこられたことを譬《たと》え話をもって示されたのでした。それがこの章「譬喩品《ひゆほん》」の眼目であります。

前章に引き続き、弟子の舎利弗さんが聞きました。

「私たちは先ほどまで、お釈迦様から『お前たちでは話にならん！』と見捨てられてしまったのかと絶望を感じていましたが、あれは真の道に導くための方便だったのですね。それがわかった今、心底安心しました。まさに今、本当の意味でお釈迦様の〝弟子〟となった気がいたします。頑張って悟りをひらいて、他の生きとし生けるものを導いていきますね！」

するとお釈迦様はいいました。

「舎利弗よ、あなたは将来、必ず仏に成れます。約束しますよ」

お釈迦様がおっしゃるには、舎利弗さんが未来の世界で仏になったとき、そのお名前を華光《けこう》如来というのやそうです。ケコウ如来とは、またケッコウなお名前で……。

ここでお釈迦様が、譬え話を始められました。


あるところにお金持ちの男がいました。家は広いのですが、とても古く、ボロボロで、今にも潰れてしまいそうです。もしかしたら見えないところにシロアリなんかも住み着いているかもしれません。しかも出口は一つだけ。使用人やたくさんの子供たちが生活するこの家、現代やったら即、消防法に違反するような危険極まりない家です。いわんこっちゃない。あるとき、この家が火事になってしまいました。ところが幼い子供たちは家の外に逃げようとしません。なぜか？ 幼いがゆえに火事の恐ろしさをまだ知らなかったのです。どんどん燃え盛る炎の中にいながら、愚かにも遊ぶことに夢中で、まったく逃げようとしませんでした。父親である男は力ずくで子供たちを外に出そうかとも考えましたが、人数的に無理がありそうです。そして何より逃げる道が狭い狭い門ひとつ。

とにかく、「炎は恐ろしいものだ！　早く逃げなさい！」と叫んでみるものの、子供たちは聞く耳をもたず、目の前の遊びにただただ熱中しているのでした。このままでは大切な子供たちが焼け死んでしまいます。そこで父親は子供たちがどんなものがほしいのか、よく知っていたので、こういったのでした。

「門の外に、いろんな車がある！　お前たちがほしがっていた羊の車、鹿の車、牛の車、外に出てきたらどれでもお前たちにあげよう！」

子供たちは喜んでいっせいに外へ駆け出してきました。しかし、結局、男は子供たちに羊や鹿や牛の車は与えませんでした。ところが、何も与えなかったわけではありません。なんと男は前記のものとは比べものにならないような、美しい宝物で飾られた素晴らしい車を等しく子供たちに与えたのでした。この男は大金持ちですから、その財産は無限にあり、子供たちにどれだけでも最高のものを与えることができたのです。

お釈迦様は舎利弗に問いました。

「この男は子供たちに約束とは違うものを与えましたが、これは嘘になるのでしょうか？」

もちろん、答えはＮＯ！ですね。現代にいいかえれば、大学生が「免許を取ってきたら軽自動車一台、買うたる」と父親にいわれ、実際に免許を取った際に、軽自動車ではなく、いきなりベンツをもらえたようなものですから。

つまり、この子供たちは炎から救い出されたばかりか、ほしかったものよりさらに素晴らしいプレゼントをもらうことができたのです。

実は、この譬え話の「父親」とは、お釈迦様のことです。お釈迦様はこの家のように世界がボロボロの、危うい時代に出現されます。そして私たちはそのような時代において、貪り、怒り、愚かさという「三つの毒」の炎に焼かれているのです。お釈迦様は、炎の中にいることに気がつかないばかりか、目の前の快楽に溺れて危うく逃げ遅れそうになっている私たちを助けに来てくださる、ありがたい存在というワケです。父親ですから、子供を助けたい気持ちは「何がなんでも！」ということがよーく伝わってきます。

お釈迦様の言葉に耳を傾けて、お釈迦様が待っている世界へ出たならば、自分たちが望んでいたこと、いえ、それ以上の最高のプレゼントが待ちかまえていることを、この譬喩によって示されたのです。

「上手い話にはウラがある」てなこといいますが、仏教の世界においては「上手い話でもウラはなし」。お釈迦様の得られた無限大の「悟り」という「智慧の財産」を、無償で分けていただけることを約束された私たち。思わず「めっちゃ得してもーたわ〜！」と、お隣さんの肩をバシバシ叩きたくなるような「譬喩品第三」、こんな財産を生涯無償でもらえるのなら、サイフには痛い増税もチョットは我慢できるかも？と思ってしまった今日この頃です。

4　譬え話は試供品？……信解品第四

法華経には「法華七喩《ほっけしちゆ》」という七つの譬え話が登場します。前章の「譬喩品第三」に出てくる「三車火宅《さんしゃかたく》の譬」もそうですし、この章での譬え話「長者窮子《ちょうじゃぐうじ》の譬」もそのひとつです。お経というのは昔から、理解することが非常に難しいものでありました。まして時代背景もありますから、読み書きや読解力も人それぞれ。そこで、「みんなで一緒に仏になろうよ！」がコンセプトの大乗仏教ですから、「わかりやすさ」に重点を置いたのでしょう。誰にでもわかるよう、譬え話をアレコレと登場させたのだと想像できます。

私も法華経に出会った頃、なかなか理解できない部分が多く、とりあえず法華七喩の勉強から始めました。そこでだんだんとお釈迦様のお慈悲を知って、わかりにくかった部分の解釈も少しずつ進むようになりました。

ちょっと言い換えてみれば、法華経に登場する譬え話は、ドラッグストアでキレイなお姉さんが配布している化粧品の「試供品」のようなもの!!「いきなり買うのは中身もよお知らんし、高いし、無理やけど、とりあえず試供品やったら損もないし、ちょっと使えばだいたいどんな商品かわかるからエエよね♪」といった感じです。法華経全体にいきなり飛び込めなくても、譬え話からお試しいただいたらよいのです。

さて、前章でのお釈迦様の譬え話に感動したお弟子さんたち四人がいいました。

「お釈迦様、聞いてください。今の私たちの喜びを、今度は私たちが譬え話にしました!」

あるところに、幼くして父のもとを離れ、流浪の旅をする男がありました。最初のうちは男の父も息子であるこの男を探しましたが、見つけることができません。

　時は流れ、息子は貧乏暮らしで人に衣食を求める生活を送っておりました。一方の父親は事業で大成功。大金持ちとなり、地位も名誉も手に入れましたが、息子のことだけはいつも心から離れることはなく、息子を探し出して財産を渡してやりたいと考えていました。

　ある日のことです。痩せこけた息子が偶然にも父の邸宅の前を通りかかりました。その姿を見た父はすぐさま自分の息子と確信し、中へ招こうといたしますが、息子は捕らえられてしまうのではないかと勘違いし、必死で逃げようとします。

　そこで父は作戦を変え、「掃除人として、うちで働かないか？」と誘いかけました。「それならば！」と息子も安心。実の父とは知らぬまま、雇ってもらうことになりました。そして息子は一生懸命仕事に励み、いつしか二人の間に信頼関係が生まれました。

　数年後、父が病に倒れると、息子にいいました。「私はお前を信頼している。財産の管理を頼む」。しかし、まだ息子は目の前の人物が実の父であることを知りません。とうとう臨終のとき、父は人々を目の前に「長年、掃除人として雇ってきたこの男は、実は私の息子なのです。私の財産をすべてこの男に譲ります」といったのでした。

「お釈迦様、私たちは今まさにこの息子のような気持です。私たちは今まで自分が仏の子であることを知ろうとしていませんでした。お釈迦様は私たちに悟りという財産を授けてくださる父親なのだと確信したのです。この喜びは、何ものにも代えがたいものです」

お釈迦様が「あなたがたは、私の子供も同然。もっているすべての財産をあげるよ」といわれたことに対し、「今までお釈迦様がそんなふうに自分たちのことを考えていてくださったとは！　ありがとうございます」とお弟子さんたちが応えた譬え話のやりとりでした。まさに師弟愛！　エエもんですね♪

法華経二十八品のうち、七分の一ほど進んだこのあたりになると、どうしても「信仰心」が前面に出てきます。まだ法華経にそこまで思い入れのない方からすると、この「信解品第四」はハテナマークが浮かんでくる箇所であるかもしれません。

また、後ほど述べますが、法華経は、まず信じてみて、そこから始まる世界といえます。だからこそ、「法華七喩」をこのお経の試供品を手に取ったようなお気持ちで読んでいただき、少しでも「ええかも？」と感じていただけたなら、次のページをめくってもらいたいと思います。

5　世界の中心でアメちゃんを配る……薬草喩品第五

先日、電車に乗っていると隣に座っていたオバちゃんが鞄をゴソゴソし始めました。なんやろな?と思っていると、「姉ちゃん、アメちゃん食べるか?」と満面の笑み。それとともに私の手のひらにレモン味ののど飴がギュッと押し込まれてきました。

これは大阪ではよく見かける光景で、なぜかオバちゃんたちは自分の子分のようにアメちゃんを持ち歩き、いたるところでこれを配り歩きます。老若男女、誰とでもすぐに仲良くなるためのコミュニケーションのお菓子。人と人とのご縁をつなぐアイテムともいえます。

さて、そんなふうに誰にでも平等に（といいつつ、イケメンには二、三個）アメちゃんを配り歩く大阪のオバちゃんですが、実は、お釈迦様もアメちゃんを平等に振りまくことを得意とされていたのです。

といいましても、お釈迦様のアメちゃんは、〝食べる〟アメではなく〝降らす〟アメ。いわゆる「慈雨」と呼ばれる「お慈悲の雨」のことをいいます。

雨というのは、とても平等です。さまざまな生き物、草花に降り注ぎ、それぞれのもつ体の大きさに合わせて、その成長を助けてくれます。

そこでお釈迦様は、お釈迦様ご自身が「雨」であり、私たち生きとし生けるもの、つまり「衆生《しゅじょう》」が「草花」であると譬えられました。

「この世は不平等だ」という声をよく聞きます。確かに、毎日生きていれば、うなずきたくなるようなことは多々あります。できれば私もスレンダーな体つき、吉永小百合さんのようなしっとり和風美人に生まれてみたかったものですが、現実はガッチリ体型にガハガハという笑い声がよく似合う大きな口。それでもお釈迦様は「平等」という一大テーマを掲げてこられました。

お釈迦様のお慈悲は、身分の上下、心の善悪、修行の有無、優劣などを問わず、雨が大地のすべてを潤すがごとく、差別なく、すべての人に仏性の芽を育てるための雨を降らせ、人々を苦しみから救い出します。お釈迦様は一人ひとりに優しい言葉をかけるように、すべての人に言葉をかけてくださるのです。その才能や受け取る力に応じた言葉、その中で、すべての人が等しく悟りをひらけるよう、導いているのです。

この譬えが表す意味は、大きく二つあります。

ひとつは、どのような性質であっても、それに応じた導き方をしてくださるという意味での「絶対平等」。私たちはいかなる状況にあっても心穏やかでいられる智慧を平等に与えられているのです。

そして草花を譬えに出したことによって、仏の救いの対象は人間だけではなく、他の動物、山川草木にいたるまで、この世のすべての「いのち」であるということでした。これを「共生《きょうせい》」といいます。みーんな自然の一部であり、共に生かされている存在なのです。

電車の中でアメちゃんを配り歩くオバちゃんもいれば、世界の中心でアメちゃんを降らせてくれるお釈迦様もいる。そんなたくさんの恩恵の中で「生かされている私」という「いのち」。法華経は、まず「いのち」の基本を見つめなおさせてくれる、そんなお経なのです。

6　エエ戒名て、ナンボしますの?……授記品第六

「うちの旦那な、和尚さんに○○万円払うてエエ戒名つけてもーてん」てな声を、よお巷では耳にします。しかし、私はこの「エエ戒名」という言葉や、「○○万円払うて」という言い方が、どうも心にひっかかってしかたがありません。

本来、「戒名」とは、仏弟子として戒律を守る約束の名前です。ランクがどうこうてなことをいいますが、戒名には良いも悪いもなく、その人が信仰熱心であったかどうか、また社会やお寺への貢献度に対してそれぞれ授かるものなのです。なので「高いお金を出して戒名を買う」というのは、本来の仏教とはまったくかけ離れたことであり、日本の葬式仏教が作ってしまった悪習ともいえます。

近年では戒名を「お葬式で授かる極楽行き切符」とイメージされている方も多いでしょうが、そもそも仏弟子としての名前が戒名ですから、生前に授かるのが正しい在り方です。しかし、現代ではなかなか生きているうちにお寺に足を運べず、僧侶との関係も築けないままお亡くなりになり、葬儀業者の手配した僧侶がやってきて、お葬式を行うことになります。その中で行われる「お剃刀」、これは生前にしておくべきであった「仏弟子になる

ための儀式（剃髪など）」を「緊急に行っている」ということになります。

そして、戒名を授けてくれるお坊さんは、本来の意味では師匠にあたる人ですから、業者さんの紹介でやってきたお坊さんですと、亡くなるまで一度も会ったことのない僧侶の弟子になることになってしまいます。

そう考えると、しっかりと生前からお寺へ行き、信頼できるお坊さんから戒名を授かるのがベストということになります。また、戒名をつけてもらったお礼や、葬儀のお礼のお金はあくまで「お布施」ですから、あなたの気持ち次第であり、決して「ナンボ払ったから、こんなに立派な戒名をつけてもらった！」と自慢するものではないのです。


先日、とある講演の終了後に楽屋を訪ねてこられた女性がいました。六十代ぐらいでしょうか。数年前に旦那さんは他界しており、今は一人暮らしをされているそうです。

そんな彼女が「戒名のことについてお聞きしたいんですが……」と切り出すと、私は思わず耳を疑いました。

実はこの女性は熱心な仏教徒で、日頃からよくお寺にも通い、お手伝いもされていて、戒名についても生前にしっかりと授かっておきたいと考え、自分のお寺のご住職に相談されたのだそうです。するとご住職から「女性なので旦那さんよりひとつ低いランクの戒名をつけます」といわれ、納得が行かず、そこから話はこじれ、結局檀家をやめたそうです。

そこで「女性は旦那よりも低いランクの戒名でなければいけないのですか？」との質問を受けました。もちろん答えは「ノー」です。そのご住職が何を考えてらっしゃるのかは知りませんが、それはれっきとした男女差別であり、時代錯誤も甚だしい問題です。私はこの方に本来の戒名の意味をお伝えし、ランクなどそもそもないこと、また仏教はすべてのものが平等であるので男も女もない、というお話をして、お別れしました。

ちなみに戒名をつける僧侶はあなたの師匠ということになる、というお話もしたところ、長いお付き合いで尊敬しているお坊さんがいるので、その方に戒名をつけてもらえないかお願いしてみる、とのことでした。法華経における女人成仏《にょにんじょうぶつ》については、またのちほど「提婆達多品第十二《だいばだったほん》」で述べたいと思いますが、そんな「戒名」の起源になっているともいわれるのが、今回の章「授記品第六《じゅきほん》」です。

ここでは、お釈迦様がお弟子さんたちに対し、具体的に「仏となる保証」として、戒名にあたる「仏名《ぶつみょう》」（そのお弟子さんが将来、仏になったときの名前）をはじめ、その国や時代の名前などを示していきます。

たとえば、迦葉《かしょう》というお弟子さんには、「あなたは将来、必ず仏になれるよ。そのときのあなたの名前は光明如来という。光徳世界という光り輝く世界の仏となって、大荘厳《だいしょうごん》といわれる時代になるだろう」といわれました。迦葉さん大喜び。落語家やったら師匠から「お前なら必ず名人になれる！　頑張れ！」といわれるようなもんですから、これはヤル気に燃えちゃいますよね。

さて、その様子を見ていた他のお弟子さんたちがいました。人間というのはいやらしい生き物で、自分と同じ立場の人が上の方から褒められていると素直に喜べないものですが、ここにいた目連《もくれん》さん、須菩提《すぼだい》さん、迦旃延《かせんねん》さんは違いました。仲間である迦葉さんが仏となる保証を与えられたことを大いに喜び、そして「お釈迦様、私たちも頑張りますので、どうぞ励ましのお言葉をお願いします！」と鼻息荒く申し出たのです。それを聞いたお釈迦様、ヨシヨシと、それぞれにふさわしい仏名を与えられていきました。

この四人のお弟子さんたちは、それぞれ違う名前をいただきましたが、「お前の戒名のほうがエエ戒名やんか！」などといいあったでしょうか？　そんなはずはありません。お釈迦様はその人それぞれに応じた仏名を与えたわけですから。なので、そこに良いも悪いも、ランクなどというものは存在しないのです。

仏弟子としての名前「戒名」。これは決して人に対して見栄を張るためのものではないということをおわかりいただけましたでしょうか？　戒名の起源を知っていただいた今、「ナンボ払うてエエ戒名つけてもろた」なんてこと、もう、いわないでくださいね！

7　ぼちぼち行くのがヨロシイで……化城喩品第七

私が出家させていただいたのは平成二十三年秋、二十五歳のときのことでした。師匠となっていただいたのは福恵善高《ふくえぜんこう》師という、比叡山で厳しい修行を積まれたお坊さん。現在は天台宗の修行道場の総責任者として、日々若手僧侶の育成にあたられています。

現在の日本仏教では、私のように実家がお寺でない一般家庭からの出家者は、なかなか師匠になっていただく方が見つからないのが現状です。しかし、私は非常にラッキーなことに比叡山とのご縁をいただき、何よりたくさんの方のご協力、お口添えによって、善高師の弟子とならせていただくこととなったのです。私はこのように、出家したいと強く願う自分と、それを受け入れてくださった師匠、さらには強力にサポートしてくださった方々のおかげで、はじめて「出家」することができたのでした。

さて、本書のテーマである「法華経」では、お釈迦様は、お釈迦様としてこの世にお生まれになる前から幾度となく世界に現れ、人々を教化してきたと明かしておられます。つまり、お釈迦様も遥か昔の過去世に師匠のもとで出家し、悟りの道に入られたことになるのですが、実はお釈迦様の過去世においての「出家」も、自分だけではなく、あらゆるご縁で初めて実現したものなのです。

その昔、「大通智勝如来《だいつうちしょう》」という仏様がおられ、出家前には十六人の子供がありました。その子供たちは父親が仏になって悟りを得たことを知ると、教えを請いに行きました。その姿を見た梵天と呼ばれる神々たちも、大通智勝如来に真理を説いてほしいと願いました。

大通智勝如来は自分にとって「近い存在」である子供たちと、「遠い存在」である梵天たち、この双方から真理を説いてほしいと請われたことによって、「妙法蓮華経」という真の教えを、難信難解ではあるが説いてみようと決意されたのです。「近い存在」と「遠い存在」、どちらにも分け隔てなく真理の法を説く――仏の教えの対象に、身内も他人も関係ないということが伝わってきます。

梵天たちが自分たちと同じく、大通智勝如来に教えを求めたおかげで出家させてもらえることになり、法華経の教えを知った十六人の子供たち。のちに子供たちはそれぞれに法華経を説く菩薩となり、悟りをひらいていったのです。そしてその十六番目の子供が、何を隠そう、過去世においてのお釈迦様でした。つまり、大通智勝如来とは、お釈迦様の父親であり、師匠にあたる仏様ということになるのです。

さて、そんなご縁で結果的にお釈迦様の出家の願いの手助けをしてくれた梵天さんたちの言葉に、法華経を用いる宗派のお勤めでよく用いる偈文があります。

天台宗では「法華《ほっけ》成仏偈《じょうぶつげ》」と呼ばれ、以下のような文言をいいます。

「願《がん》以《に》此《し》功徳《くどく》　普《ふ》及《ぎゅう》於《お》一切《いっさい》　我《が》等《とう》与《よ》衆生《しゅじょう》　皆《かい》共《ぐ》成仏《じょうぶつ》道《どう》」

読み下すと、「願わくばこの功徳をもって、普く一切に及ぼし、我らと衆生と、皆共に仏道を成ぜんことを」となります。つまりこれを簡単に説明すると、本書に幾度も登場する法華経のスローガン、「みんなで一緒に仏になろうね！」という意味にあたる言葉です。

大通智勝如来の子供でありながらすぐには出家できず、梵天たちからの願いもあったおかげで、やっと出家できた過去世でのお釈迦様。段階を経て、まわりとのご縁によって師匠から法華経を教えてもらったこのエピソードを踏まえたうえで、お釈迦様は続けて語られました。

「このように、悟りの道にも段階や手助けが必要で、その段階を経なければ、どんなに素晴らしい教えでも、信じることも理解することも難しい」

ここで、悟りへの道のりの難しさについて、またもや譬え話を用いられたのです。

その昔、宝物をめざす旅人たちがいました。しかし、道のりは遠く険しく、宝物を手に入れることをあきらめてしまう者があとを絶ちません。本当はあと少しで辿りつけるのに、具体的に宝物が見えないからと、どうしても足が先へ進まないのです。

そこへ現れたのが立派なお城でした。旅人たちはすぐさまその城へ行き、体を休ませてもらいました。おかげで体力は回復し、旅人たちは再び歩き出すことができました。そしてある日のこと、ついに宝物まで到達することができたのです。

ですがこのお城、実はお釈迦様が旅人たちを「宝物」、つまり「悟り」へ導くため出現させた「幻の城」だったのです。しかし、旅人は誰一人「だまされた！」とは思いませんでした。なぜなら旅人の疲れた心や体が癒されたことには間違いはなく、幻の城のおかげで宝物に辿り着くことができたからです。

ではここで、この譬えの意味を読み解いてみましょう。

私たち人間は、「悟り」という目標をあまりにも遠く感じてしまうため、その道を幾度となくあきらめようとしてしまいます。しかし、お釈迦様はその都度その都度、みんなの元気が出るように、工夫をこらして導いていき、励ましてくださる存在であるというメッセージなのです。

「悟りの道も一歩から」

日本人というのは、ついつい働き続けてしまい、すぐに燃料切れになってしまう国民です。休むのも仕事のうち。しっかりゆっくり人の助けも受けながら段階を踏んでいく、大阪弁でいうところの「ぼちぼち」が実は一番の近道なのです。

私たちには明確な目標があり、「悟り」というゴールが待っています。そのことを忘れずに、日々自分の持ち場で一生懸命頑張っていれば、どんなに遅い亀の歩みでも、いつか必ず「悟り」という宝物に辿りつけるはずですよ！

8 もろたからには使こてナンボ！……五百弟子受記品第八

「せっかくエエもん着てはんのに、値打ちないわ〜！」

ある年の成人の日。電車のホームでオバちゃんたちの会話が聞こえてきました。その視線の行方を追うと、晴れ着に身を包んだ一人の新成人。ちょっとわかる人なら「こ、これは……！」と二度見してしまうような素晴らしい着物には、ギャルメイクをバッチリ決めた女性が、すでに着くずれしている着物を引きずりながら歩いているのでした。

私も「わっちゃー！もったいな！それ、ナンボするかわかってへんやろ！」と思わず声をあげたくなる〝地獄絵図〟でした。ほしくてもなかなか手に入らないようなエエもん着てはんのに、本人にはその自覚がない。宝の持ち腐れとはまさにこのことや！と思った瞬間でした。

さて、前回の章でもそうでしたが、法華経ではしばしば「仏の教え」が「宝物」にたとえられます。なぜなら、仏様の教えは私たちの人生にとって何よりかけがえのないものであり、その名のとおり最高の宝物であるからです。この章では、お釈迦様から新たにたくさんのお弟子さんたちに対し悟りをひらく保証が与えられました。そこで感激した五百という数のお弟子さんたちが譬えをもって今の喜びの気持ち、そして今までの懺悔の気持ちを表したのです。

あるところに、友人の家で酔いつぶれて寝てしまった男がおりました。友人は急用ができたので出かけなければなりません。そこで、友人は男が貧しい暮らしをしていることを知っていたので、男の衣服の裏に宝物を縫い付けておきました。しかし、酔いつぶれた男はそのことを知りません。

数年後、二人は再会しました。男は衣食を求めて貧しい暮らしをしていたにもかかわらず、そのような暮らしに満足していたので、友人は驚きました。「あなたはなぜ未だ貧しい暮らしをしているのか！」。男にはわけがわかりませんでした。そこで友人は告げたのです。「私はその昔、あなたが困らぬよう、衣服の裏に宝物を縫い付けておいたのですよ。その宝物をあなたは今ももっているのです！」。

この譬えをひととおり話すと、お弟子さんは続けました。

「お釈迦様、私たちにとってのお釈迦様は、まさしくこの友人のようであります。あなたは私たちに悟りへ導くための教えを与えてくださったのに、私たちはそれを知らず、貧しい心のままで満足している愚か者でございました。お釈迦様から宝物を与えられていたことを知った今、これ以上の喜びはありません！」

この世には貧しい暮らしをする人、豊かな暮らしをする人、いろんな人がいます。「清貧」という言葉もあったりして、私欲を捨てて貧しく生活を質素にすることは、現代においてもとても好まれる文化です。

しかし、ただただ何でも貧しければよいというわけではありません。確かに、お金や物に執着し、貪欲になることはよくないとは思いますが、「心の豊かさ」を求める気持ちだけは、少しばかり貪欲であってもよいのではないでしょうか？　なぜなら、あなたの心が豊かになると、あなた自身もまわりの人もみんな幸せになれるキッカケになるからです。

私たちが一人ひとり、もっているとされる「仏性《ぶっしょう》」は、まさにお釈迦様が命とともに与えてくださった「悟りの芽」。そんな宝物をせっかくもらっているのに、まだそれに気がついていない人がいたならば、まさに宝の持ち腐れになってしまいます。

そんなもったいないことしてたまるもんですか！　せっかくもらった宝物。ここまできたら使こてナンボの世界です。お釈迦様に感謝して、最大限、その教えを有効活用させてもらいましょうね。

9　心の準備、整いました！……授学無学人記品第九

中学校三年生の夏。「さすがにそろそろ受験勉強せなアカンな〜」とボンヤリ思っていた頃、親がわずかな収入の中から工面して、近所にある塾へ行かせてくれました。先生はベテランの方から、どう見ても大学生のアルバイトといった人もいましたが、初日に揃った講師陣は、熱い眼差しで私たち受講生にいったのです。

「みんな、受験に向けてこれから精一杯頑張ろう！　私たちは君たちを全力でサポートします！　みんなも全力で勉強してください！　必ず志望校へと導きます！」

この言葉と目ヂカラに、思わず「え？　ホンマ？　ほな、私もこりゃマジで頑張ったら合格できるかも？」と思いました。そして半年後の春、私は志望校の桜の下で、新しい制服に身を包んでいたのです。

この章では、お釈迦様がまたまた、たくさんのお弟子さんたちに悟りをひらく保証を与えられました。「保証を与える」この作業だけでも、お釈迦様にとってはたいへんな労力であっただろうと思われますが、これはとても大切なことで、導くものと導かれるもの、お互いにとっての信頼関係の第一歩なのです。

先ほどの塾の先生と同じように、「頑張ったらこうなれるから！」とまず最初にいっていただくことによって、将来へのビジョンとヤル気がはっきりしてきますよね。

さて、今回、保証を与えられたメンバーの中に、釈迦十大弟子のアーナンダさんとラーフラさんがおられました。

アーナンダさんは、多聞《たもん》第一と呼ばれるお弟子さんで、お釈迦様の従兄でもありました。たいへんな美男子であったために、他の男性修行者とは一味違う苦労をされたようです。また、女性が出家することに対し、お釈迦様に口添えしてくださったのもアーナンダさんであるといわれています。

また、ラーフラさんは、密行《みつぎょう》第一と呼ばれているお弟子さんでした。ご存じの方も多いかと思いますが、ラーフラさんはお釈迦様の実の息子です。お釈迦様は出家される前、一国の王子でした。そこで結婚もされ、一人息子のラーフラさんを授かっていました。

しかし、この「ラーフラ」という名前が現代の仏教界においてもアレコレ物議をかもしています。なぜなら、その名前の意味するところは「障碍《しょうげ》」という言葉だからです。なぜそのような名前を心優しいお釈迦様がわが息子につけられたのでしょうか？

ラーフラさんが奥さんのお腹に宿ったことを知ったのは、ちょうどお釈迦様が出家しようとしているときでした。ただでさえ王子の立場を捨て、奥さんも捨て、出家しようと悩んでいるところに、今度は父親としての責任までふりかかってきたのです。出家しにくいことこのうえなしですが、お釈迦様は決してラーフラさんを「邪魔者」と思ったわけではないと思うのです。


私ごとですが、先日、子供を授かりました。元気な男の子です。今の日本仏教では僧侶は結婚が認められていますし、尼さんが子供を産むことに何の問題もありません。たま〜にイヤラシイ意味で「尼さんが子供作ってええのんかいな？」てなことを聞いてくるおっちゃんがいてますが、仏教では「殺す」ことは罪ですが、「産む」ことは罪ではありませんし、何より「不邪淫《ふじゃいん》」は「男女の道をはずさないこと」なので、夫との間に子供を授かることは、戒律をおかしていることにはならないと思うのです。

さて、そんな私も妊娠中に悩んだことがあります。それは、息子が幼稚園なり小学校なりに上がったら、学校でイジメにあわんやろか?ということでした。なぜそう考えてしまうのかというと、「お前のオカン、髪の毛ないんやろ!」「お前のカーチャン、ハーゲ!」なんて、いかにも子供が好きそうな話題だからです。

イジメはあらゆるキッカケで起こるので、仮に息子がイジメの対象になってしまっても、そのときは親として、ちゃんと向き合おうと考えてはいますが、私の存在自体が息子のイジメの対象になりやすい原因になってしまうとしたら……、少し申し訳ない気持ちになりました。そう考えると、本来、僧侶というのは家族をもたない方が家族に迷惑をかけなくてすむので、生涯独り身のほうがエエんかな?と考えてしまったのです。

なので、お釈迦様がわが息子に「障碍」と名づけたのは、決してラーフラさんの存在そのものをいったわけではなく、出家することによって、親としてその義務をまっとうできないかもしれない、自分自身に対する自責の念があったのではないかと思いました。逆に、一説によると、当時のインドでは自分の跡継ぎができると出家できる、という風習もあったそうですから、こうなるとまた話は別です。

結局、お釈迦様がどういった意思でわが息子に「ラーフラ」という名前をつけたのか、真実は闇の中。これからの仏教界でもさまざまな説が出てくるでしょうが、決定的な答えは見つからないのではないかと思います。

さて、話を戻します。この章でやっと「悟りをひらく保証」を与えられたアーナンダさんとラーフラさんでしたが、実はこの保証を与えられた順番が、数あるお弟子さん達の中でいちばん最後でありました。ここで注目したいのが、なぜ従兄であるアーナンダさんと、実子であるラーフラさんという「身内」が「いちばん最後」になったのか、という点です。私はこの部分に、お釈迦様の師匠としての心遣いを感じるのです。

昔から、可愛い子には旅をさせよ、とよくいいます。人間誰しも自分の子供や身内は可愛いものです。現代ではまわりの目を気にせず、なりふり構わず自分の子供のことばかり学校や世間に主張をする親もいますが、本来、大切な身内であるからこそ、他人の前では厳しく接するというのが礼節です。身内であるからこそ他者の前では何でも後回しにする。

あえて「なんで身内なのに……」と不満をいいたくなるようなことでも我慢させ、苦労をさせる。これが一番の愛情であり、しつけであり、教育の一環であったのではないでしょうか。また、お釈迦様の場合、他にも血縁関係のないお弟子さんたちがたくさんいらっしゃいましたので、他の頑張っているお弟子さんたちの手前、という点においても、いちばん顔が立つ方法であったのではないかと思います。

落語の世界でも、自分の子が弟子として入門してくるのがいちばんやっかいだといわれています。師匠である父親も気を遣うし、弟子である子も師匠に気を遣う。他のお弟子さんの手前もある。

しかし、そんな難しい条件の中でも素晴らしい師弟関係を築いておられる方がたくさんいらっしゃいます。芸の道では一度入門したら親子同然。血縁以上の身内だといわれます。これと一緒で、血縁関係があってもなくても、お釈迦様にとってはみんな大事な仏の子なのです。

お弟子さんたちの「さあやるぞ！」というヤル気が満ち満ちたこの瞬間、次なるステージ「法師品《ほっしほん》」へとバトンを渡した「授学無学人記品第九《じゅがくむがくにんきほん》」でした。

コラム②……モテる男はツライ？ アーナンダの女難

近年、『美坊主図鑑』なる本が巷では大流行し、若くてイケメンのお坊さんがもてはやされています。さらには「美人すぎる尼さん」なども登場し（私のことではありませんヨ！ え？ んなもんわかってるって？）、仏教界もアイドル時代へと突入しました。イケメンやとか美人やとか、まさに煩悩のお話のように聞こえますが、なかにはイケメン坊主目当てにお寺に来た女子が、そのまま仏教の教えに興味をもち、信仰をもつことだってあるので、お坊さんの容姿が端麗であることも、ひとつの門だと思うのです。

さて、そんな仏教界での元祖イケメンと申しますと、お釈迦様のいとこであり、その教えをもっとも多く聞いたといわれ「多門第一」と呼ばれた弟子・アーナンダです。アーナンダはその美貌ゆえに、たくさんの女難にあったと今なお語り継がれています。

あるとき、村娘に一目惚れされてしまったアーナンダ。娘はアーナンダを夫として迎え入れたいと願いましたが、なにせ出家の身。叶うわけがありません。それでも娘はあきらめがつかないということで魔術師である母親に頼み込み、アーナンダに魔法をかけてもらいました。魔法によって修行を妨げられたアーナンダ。困り果ててお釈迦様に魔法を解いてもらいましたが、それでも娘はあきらめません。そこでお釈迦様はこの娘を呼び出し諭したのです。

「あなたの好きなアーナンダの容姿は、いつか衰えていくものです。それを愛することは虚しいことですよ」

これを聞いた娘はお釈迦様の弟子となり、安穏を得たのだといいます。

娘も惚れてしまったからには、どうにかしてアーナンダを手に入れたかったでしょうが、これぱっかりはしかたがありません。母親の魔法をお釈迦様にあっさり解かれてしまったとき、母親に泣いて怒ったかもしれません。

「なんでやねん！　オカンの魔法すら効かへんなんて、アーナンダ、どんだけ草食系やねん！」

「ちゃうちゃう！　アーナンダは草食系やない。あの人は出家の身、僧職系やねん」

10 幸せはお隣さんにもおすそ分け……法師品第十

私がよくご指導をいただく師匠に、同じ一門の露の新治師匠がおられます。新治師匠は上方の落語家でありながら、近年では江戸落語のメッカ・鈴本演芸場でも中トリを務められる、人気・実力を兼ね備えた師匠です。実は新治師匠、若い頃から人権問題に取り組んでおられて、各地でさまざまな講演をしてこられました。

そんな新治師匠がいつも声を大にしていわれるのが「願生る」という言葉です。もともとは、当時中学生だった池田朋行さんという方の言葉で、現在この方は真宗大谷派の僧侶をしておられるそうです。どうやって読むのでしょう? 正解は「がんばる」です。なぜこのような字をあてはめるのかというと、「がんばる」ということは「願いに生きる」ということだからだそうです。

これを初めて知ったとき、入門当時十八歳だった私は、すっかり「願生る」という言葉を好きになってしまいました。

さて、人生をキラリと輝かせてくれる言葉「願生る」をご紹介させていただきましたが、実は法華経にも似たような漢字が出てきます。それがこの章の前半部分に登場する「願生」という言葉です。こちらは「がんしょう」と読みます。

「願生」とは「願って生まれる」という意味です。私たちは、願って生まれてきた存在であり、願って生まれてきたのだから、必ずよいことがあるよ、頑張ろうね！という、なんともプラス思考な、未来が明るくなる言葉なのです。

この章「法師品《ほっしほん》第十」から、先の「安楽行品《あんらくぎょうほん》第十四」までの五つの章では、願って生まれてきた存在である私たちが、どのように悟りの道を歩んでいけばよいのか、その菩薩としての生き方の「具体例」があげられていきます。

まず、将来悟りをひらける人とは、

・法華経の一偈一句を聞いて、少しでも「これは素晴らしい教えだ！」と喜べる人
・法華経を心に保ち、読誦し、解説し、写経する人
・仏を敬い、華や香、音楽などをもって仏を供養する人

だといいます。たとえば、友達同士でケーキを食べに行ったとしましょう。同じケーキを

食べても、それを美味しいと思える人のほうが確実に幸せな人生です。もの喜びする人は幸福度も高いし、日頃質素な生活をしていれば、たとえ小さなことでも喜べる人間となり、プラス思考な生き方ができたりします。それと同じように、法華経を聞いたとき「ありがたや」と思うのか、「ふーん、あっそ」ですませてしまうのかによって、だいぶ生き方が変わってしまうということですね。

そして、このケーキを美味しいと思った人は、そのことで心が温まります。仮に翌日、会社で怒られても、「うーん悔しい！　けど、また給料日がきたら、あのケーキでも食べに行ってストレス解消するか！」と前向きになれます。

同じように上司に怒られた同僚がいたら、「こんな美味しいケーキ屋さんがあるから、また一緒に行こ！　会社でのストレスなんかぜーんぶ発散できるくらい美味しいから！」と思わず宣伝しちゃうかもしれませんよね？

そして実際にお店に行って、自分のおススメのケーキを頼んで同僚にも食してもらう。これが、前に出てきた「法華経を心に保ち、読誦し、解説し、写経する」のと同じプロセスなのです。ケーキによって仕事への活力が出た人が、またこのケーキによって人に活力を与えることができた。まさに幸せの拡散です。

法華経では自分が救われることも重要ですが、「法華経を広め、人を救う人にあなたはなるのです！」ということが力強く説かれています。

自分がひとたび救われたなら、次に困っている人をどんどんこちらの幸せの輪に招き入れる係になりましょう、ということです。

話は少しそれますが、私の母はカウンセラーです。今は人の悩みを聞き、一緒に解決していく立場ですが、昔は母も一人の悩める女性でした。しかし、いろんなご縁に救われ、道が開けたからこそ、「カウンセラーになって過去の自分と同じような人の役に立ちたい」と思い立ったのです。法華経に生きるとは、まさにこれと同じことといえるでしょう！

お釈迦様の教えは、慈悲で包まれた温かい部屋のようです。私たちはその部屋の住人です。そして、お釈迦様は常に柔らかな心と、どんなことにも耐え忍ぶ心をもち合わせており、私たちはそれを衣服として頂戴し、体にまとうことができます。そして、穏やかに座られるお釈迦様とともにそこに座り、気持ちをひとつにすれば、自分自身もまわりの人も、みんなが幸せになっていけるのです。

この温かな部屋に住む私たち菩薩修習生は、「変化《へんげ》の人」によって守られるといわれています。変化の人とは、お遍路さんの同行二人《どうぎょうにんにん》のように、人生でたいへんなときにバッチリなタイミングで助けてくれる人で、お釈迦様が遣わされる存在のことです。人それぞれの「恩人」にあてはまる人だ、と思っていただけるとよいかもしれません。

ときに私たちは砂漠でオアシスを探しながら彷徨っているような存在です。探せど探せど、オアシスなんて簡単には見つかりませんが、仮に湿っている土を見つければ「オアシスは近い！」と確信を得ることができ、足も進むというものです。法華経はまさにその「湿った土」と同じ。この経に出会ったからには、確実に悟りというゴールは見えてきます。

本来、願い生まれてきた私たち。願い生まれてきたのなら、とことん願いに生きてみようではありませんか！

11 業務連絡!! 司令塔の願いを受信せよ……見宝塔品第十一

近年、「東京スカイツリー」という世界一巨大なタワーが誕生し、大阪では「あべのハルカス」という日本一の高層ビルが建設されました。どちらも初めて見たときは「よ〜こんな高いもんを人間が作ったもんやな」と驚きましたが、実はお釈迦様が法華経を説かれたときにも、それはそれは人々の度肝を抜くような巨大な「塔」が地から出現したのです。

お釈迦様が霊鷲山において説法をしておられると、あるとき、突如として七宝で飾られた塔が地から湧き出し、空中へそびえました。すると多宝《たほう》如来の声が聞こえてきたのです。多宝如来とは、遠い過去から来られた仏様で、「証明仏」とも呼ばれます。何を証明してくれるのかというと、お釈迦様が口をすっぱくしていっておられる「みんな仏になれるよ」ということ、そして「私（お釈迦様）はこれからもずっと永遠の命をもって、みんなを導いていくよ」ということが、どちらも真実である、ということでした。

そこで、多宝如来の声を聞いたお釈迦様のお弟子さんの一人が、「多宝如来様、どうかそのお姿もお見せください！」と願い出たのでした。すると、あらゆる仏様が各地から集合し、天からたくさんの花を降らせました。これが三度繰り返えされたのち、ついに多宝如来がお姿を現したのです。そしてお釈迦様に声をかけられました。

「釈迦如来よ、こちらへきて私の隣に座りなさい」

そのとき民衆は、七宝で飾られた塔、天から降り注ぐ花、その塔の中、向かって左にお釈迦様、右には多宝如来という、それはそれは不思議な光景を目にしたのです。

お釈迦様はいわれました。

「あなたがたの中で法華経を広める志のあるものはいないか？ 私はまもなく入滅する。法華経を後の世に広めてくれるのは誰だ？」

これを三度繰り返したといいます。

なんとも想像しがたいシチュエーションではありますが、この塔の出現が説かれているのが「見宝塔品《けんほうとうほん》第十一」と呼ばれる部分です。

その意味するところを一つひとつ読み解いてみましょう。

まず、巨大な塔が地から出現したことは、仏様たちのもつ「力」が、私たち人間の想像をはるかに超えるものであるという、絶対的な神通力《じんずうりき》をあらわしたものであると思います。

そして、諸仏が集まり天から花を降らしたのは、「これから最高の教えが説かれる」という、いわば予告編。オリンピックの開会式がド派手に行われ、花火がドーン！と上がると、選手や観衆の気持ちが高まってくるのと同じです。

ここで何より注目したいのが、「過去」から来た多宝如来と、「現在」民衆の目の前にいるお釈迦様が、塔の中で一緒に並ばれたということです。これを「二仏並座《にぶつびょうざ》」といいますが、この章のいちばん訴えたい部分が、ココです。

「過去の仏と現在の仏が同じ教えをもって、同じ気持ちで人々を救おうとしている」ということなのです。「仏教の永遠の教えと救い」が力強く示されている部分ですね。

さて、多宝如来と並ばれたお釈迦様が、自分はまもなく入滅すると宣言され、なんともストレートに「法華経を広める者は誰か？」と民衆に訴えかけられました。

実は、法華経の中には「法華経を広めようとする者はさまざまな迫害に遭う」といった予言が幾度となく登場します。

その教えは知るのも難しく、広めるのも難しい。しかも、広めようとするといろんな迫害に遭う。そこまでわかっていても、なんとかしてこの経を広めたい。そこまでこの経の素晴らしさを理解してくれている者はどれだけいるのかという、お釈迦様の指導者としての魂の叫びであったに違いありません。お釈迦様はハッキリといわれました。

「私は、どんな困難に遭っても法華経を広めようとする覚悟のある人に、この経を委ねることを望みます」

12　勝手なワクにはめんとって……提婆達多品第十二

さあ、法華経ならではの「救い」の章、「提婆達多品《だいばだったほん》」に突入しました。この章は二部構成でできあがっており、ズバリ「悪人成仏《あくにんじょうぶつ》」と「女人成仏《にょにんじょうぶつ》」がテーマです。

今までの仏教では説かれてこなかったこの二大テーマは、さぞかし当時の人々を驚かせたことでしょう。まずは、「悪人成仏」から見てみます。

タイトルにもなっている「提婆達多」とは、お釈迦様の弟子でありながら、極悪非道であったといわれる人物です。お釈迦様を殺そうとしたり、あらゆる反逆行為を繰り返してきました。本来でしたらバチが当たって当然のことばかりしており、あらゆるお経で地獄に堕ちるさまが描かれていますが、実はこの法華経では、極悪人である提婆達多が未来において悟りをひらき仏陀になる、すなわち成仏するであろうという、「悪人成仏」が説かれているのです。

お釈迦様は、とある過去世で一国の王子でした。そのとき、自分を教え導いてくれる師を求めていた王子は、ある仙人に出会いました。王子は自分の地位や名誉を捨て、仙人のもとで修行をしたのです。そしてついに、真の教えを授かることができました。実はその仙人というのが、何を隠そう今の提婆達多だったのです。お釈迦様はこの過去世を明かされ、こう語ったのでした。

「つまり、提婆達多は過去世において私を導いてくれた恩師であり、良き友なのです。提婆達多のおかげで、今の私があります。そして、提婆達多は未来に天王如来と呼ばれる仏になるのです」

極悪非道の提婆達多が将来仏になれるとは、どういうことでしょうか？　私は数年前、居酒屋で信頼する後輩と喋っていたときのことを思い出しました。

その日の二軒目。「いや〜、ホンマにあの人、私のことイジメてくれて、ありがとうやわ」。いつも弱気で、見た目どおり（？）打たれ弱い私がこんな言葉を口にしていました。

妬みや嫉妬から他人の足を引っ張る人というのは、どこの世界でもいるとは思いますが、まさに私はその頃、そのような人に頭を悩まされているまっ只中でした。しかし、居酒屋でこの言葉を後輩にいったとき、なんだかあらゆるものが吹っ切れたような気がして、自分自身、ずいぶん図太い性格になったもんやな〜と思いました。

自分の歩む道を邪魔をする人や陰口をいう人は、正直とてもうっとうしい存在ではありますが、考えよう、とらえようによっては、自分を精神的に成長させてくれる良き友であるともいえます。後輩はいってくれました。

「姉さんはあの人にイジメられればイジメられるほど、強くなっていくのが見えますよ！　イジメてくれてありがとう、といえる根性の姉さんのほうが、勝ちですわ」

私は今まで愚痴ばかりでしたが、その日を境にイジメてくれる人の愚痴をいうのはやめて、なかなか難しいけれど、嘘でもその人に対して感謝の言葉をいうようになりました。すると次第にその人も何もいえなくなったようで、私にちょっかいをかけてくることが非常に少なくなりました。こちらが態度を変えたことによって、相手も私をイジメることが少なくなった、まさにお互いの成長に欠かせない関係であったのではないかと思います。

どんな縁でも縁は縁。何か理由があって出会っているのです。最近では自分をイジメていた相手のよいところすら見えてきました。悔しくてしかたがない日々の中、嘘でも愚痴

をやめて前向きにとらえ、嘘でもこちらから感謝の言葉をいってみてよかったなと、今では思っています。……嘘でも、ネ♪

さて、この提婆達多の成仏についてはお釈迦様レベルでの話ですから、私のイジメとはまたちょっと違うかもしれませんが、「悪人成仏」が説かれたことによって、その名のとおり、仏教では「悪人でも成仏できる」こと、「本当に根っからの悪人などいない」こと、そして「悪人もとらえようによっては良き友である」ということがわかりました。

ものごとの善悪にはハッキリしがたい部分があります。仏教は考え方、とらえようによって、うまく生きていく智慧の宝庫。お釈迦様は、この法華経で本来邪魔でしかたがなかったであろう提婆達多を用いて、人々の善の心に語りかけ、悪の心を戒め、未来への希望の明かりを灯したのではないかと思います。

人間は、どんな人であっても、善と悪、どちらの心も持ち合わせています。自分自身の中の善悪の心と上手に付き合うことができ、良き友となることができれば、将来、必ず悟りをひらけるという、お釈迦様からのメッセージだったのですね。

先に進みましょう。この「悪人成仏」の教えが説かれたことより、すぐに合点がいかなかった民衆は、さすがにざわつき始めました。なかでも智積《ちしゃく》菩薩さんは「悪人でも成仏できるなんてくだらない」といわんばかりに、その場を立ち去ろうとしました。するとそのとき、上空から文殊菩薩が現れ、「まあまあ、もう少しだけ聞いてください。法華経はとてもわかりにくいお経です。私がここでもうひとつお話をしましょう」といわれたのです。

「昔、八歳の龍女《りゅうにょ》がいました。彼女には素晴らしい智慧《ちえ》があり、よく修行をし、その教えをよく保つ能力をそなえていました。そして仏の教えをよく理解し、気持ちは落ち着いていて、道理の理解に長け、仏の教えを人に伝える力がありました。さらに、母のような慈悲の心をもち、利他の精神に満ち、いつも謙虚で、朗らかな気持ちでいました。この龍の娘は、たちまちのうちに仏になったのです」

智積菩薩さんは驚きました。なぜなら、今までの仏教では、女性が成仏できるなんて聞いたことがなかったからです。

さて、この部分を詳しく読むと、八歳の龍女は男子の姿になって成仏した、という記述が見られます。しばしば、この部分に関して単純に「女でも男になれば悟りをひらける」という人がおりますが、私は決してそうではないと思うのです。

世間では私のことを「女流落語家」と呼ぶ方があります。確かに落語家というと近年までは男性のみの社会で、つい四十年前までは女性の落語家は存在しませんでした。しかし、私は自分自身を「女流落語家」と呼んだことは一度もありません。必ず「落語家の、露の団姫と申します」と、いつでもどこでも挨拶をしてきました。なぜなら私にとって大切なのは、自分の職業は落語家であり、露の一門の弟子であり、師匠からいただいたのは団姫という名前で、性別は私にとって何の自己紹介にもならなかったからです。

そんな私に、大師匠である故・露の五郎兵衛師匠はいわれました。

「世間はすぐに性別のことをすぐにゴチャゴチャいうけども、そんなことは関係ないねん。歌舞伎は男が女の役をやる、宝塚歌劇は女が男の役をやる。見てておかしいことないやろ？ つまり、ウデがあれば女も名人になれるんや。上手いか下手か、それだけ。おまはんは性別なんかにとらわれんと、どんどん芸を磨いたらええねん。男になろうとせんでエエ」

性別を超越したときこそ名人になれるという、素晴らしい教えでした。

私は十五歳でこの職業を志してから、「女流落語家」として関心をもってもらいたいのではなく、「露の団姫」という一人の落語家として、お客様に落語を見ていただきたいと願ってきました。大師匠のこの言葉を聞いて、「性別を売り物にしない」、その生き方を決断できた瞬間でした。

さて、話は逸れてしまいましたが、法華経がここでいいたかった女人成仏とは、結局は私が大師匠からいわれたのと同じように、女が男になれば、ということではなく、性別にとらわれることから自分を解放してあげたときこそが、悟りへより近くなるということなのではないかと思いました。しかも、この龍女は八歳です。幼い心にも、真理を求める心さえあれば、たちまち悟りの道へ入れるのです。

私たち人間は、本来とらわれのない存在である自分の「魂」を、勝手に年齢や性別、身分といった檻に閉じ込めてしまいがちです。もちろん、世間からの刷り込みもあるでしょう。しかし、お釈迦様と私たちは、魂と魂のお付き合いです。自分自身を勝手にカテゴライズせず、ありのままの悟りを求める気持ちでお釈迦様の教えを聞けば、たちまち悟りの世界へ行けてしまうという、なんとも得がたい、ありがたい教え、それが「女人成仏」なのではないかと思いました。

さらに、文殊菩薩さんから八歳の龍女が成仏したことを聞いたとき、民衆は「素晴らしいことだ！」と喜んだといいます。自分より年齢や身分が下だと思っている者の大躍進を素直に喜んだ民衆たち。お釈迦様はこの者たちにも将来悟りをひらく保証を与えられました。

たいへん愚かな発想で「上見て暮らすな下見て暮らせ」なんて言葉がありますが、お釈迦様ならきっと真逆のことをおっしゃったでしょうね。そもそも、私たちはみんな平等なのです。「悪人」でも、「女性」でも、「幼く」ても関係ない。そんなもの、世間や私たちが勝手に作ってしまった魂を閉じ込める檻です。檻から自分の魂を出してあげて、たったひとつ、悟りを求める心があれば、必ず成仏できる！　それが力強く語られた「提婆達多品第十二」でした。

13　ニンニクパワーで乗り切るで……勧持品第十三

昨今、健康ブームが訪れ、薬局では簡単にサプリメントを手に入れることができるようになりました。イライラしたらカルシウム、お肌が荒れたらビタミンCなど、お手軽で非常に結構なことですが、昔から「病は気から」というくらいですから、できればすぐにサプリメントに頼らず、まずは心の調子をととのえるところから始めてみたいものです。

しかし、そんな私でも「これはすごいな〜」と感心してしまうのが「黒ニンニク」。知り合いの元気なお年寄りはたいがい飲んではりますネ。血行がよくなるんかして、お肌のツヤもバツグンです。飲んではる方の話を聞けば、お年を召されて体のガタも感じ、面倒に思うことも多々あるそうですが、なんとかニンニクの力で乗り切ってはるんやそうです。

さて、この章「勧持品《かんじほん》第十三」では、同じくニンニクパワーでつらい試練を乗り越えることがメインテーマです。

しかし、ニンニクでも、こちらのニンニクは「忍辱」と書いて「耐え忍ぶこと」。何に耐え忍ぶのかというと、「布教によって迫害されること」です。それでは、内容を見てみましょう。

ここでは、薬王菩薩さんや大楽説《だいぎょうせつ》菩薩さんたちをはじめ、たくさんの菩薩たちが法華経の布教を誓いました。その後、お釈迦様は養母と出家前の妻であったヤシュダラ妃にも他のお弟子さんと同様に成仏の保証を与えられ、多くの尼僧も布教を誓ったのです。そして菩薩たちは立ち上がり布教の誓いを述べました。

「法華経を広めようとする人は、いろんな迫害に遭うことは知っています。しかし、私たちはどんな罵詈雑言《ばりぞうごん》を浴びせられても、ただ人々の悟りへの道が見失われることだけは何としてでも防ぎたいので、何があってもお釈迦様の教えを広めます。そのためには迫害なんてなんのその！　お釈迦様、どうぞご安心なさって、私たちに布教をさせてください！」

現代の日本では宗教は嫌われる傾向にあり、自分の宗教や信仰心を相手に話すこと、ましてや広めようとすることは、しばしば煙たがられることがありますが、このお弟子さんたちの発言には、そんなことは気にせず、ただただ利他行へ励もうとする仏弟子としての立派な姿が描かれています。「持つことの勧め」勧持品。お釈迦様はこの部分をもって、現代の私たちに「あなたたちもこういう気持ちで仏教を広めてくださいね！」と叱咤激励してくださっているのだと思えてなりません。

それにしても、仏教のみならずあらゆる宗教の近年の布教の仕方には、もう少しテクニックが必要なのではと感じることがあります。ご利益ばかりを説いていては胡散臭いのも当たり前。それよりも自分自身が毎日輝くことによって、その教えを実践する姿を周囲に見ていただく方が、よっぽど説得力のある布教になるのではないかと思います。

しかし、それでも宗教をバカにする人はどこまでもバカにしてきます。そんなときこそ忍辱の鎧を着て心を防備し、そしてニンニクパワーで体も元気にして、「布教」という立派な使命を果たしていきましょう♪

14 人生楽ありゃ苦も楽だ……安楽行品第十四

按摩さんてな商売があります。いわゆる、マッサージ師さんですが、あれはたいへんなお仕事ですね。なんせ、マッサージを受けるのは好きでも、人にしてあげるのは面倒やという人のほうが多いですからね。しかし、この章「安楽行品《あんらくぎょうほん》」では、まさにマッサージを「受ける者」ではなく、「施す者」になりなさい、ということが書かれているのです。

「安楽行」とはなかなか聞き慣れない言葉です。文字のイメージからすると「楽な修行」のことのように思えますが、実はまったくの逆。「どんな苦難困難に遭おうとも、安穏な心持ちで修行を行うこと」をいいます。しかも、それは自分自身の心の中から行わなければいけない修行ですので、なかなかたいへん。自分が「楽」になるのではなく、他者に「楽」を与える修行なのです。

あるときお釈迦様が、法華経を広めるには「四つの心持ち」が必要である、と文殊師利菩薩さんにいわれました。四つの心持ちとはいったい何でしょうか？

①身《しん》安楽行……よく耐え忍び、粗暴にならないこと。権力や激しい思想の持ち主、ギャンブルに溺れる者に近づかず、いつも慈しみの心をもって人々に法を説くこと。
②口《く》安楽行……他人の悪口をいわないこと。朗らかな顔で他者と接し、相手の聞く能力に応じて問いに答えること。
③意《い》安楽行……妬み、偽りなど、よくない心を離れ、常に正直であること。
④誓願《せいがん》安楽行……人々を必ずや悟りの道へ導くという固い誓願。

仏教では、「身《しん》・口《く》・意《い》」の三つをとても重要視します。なぜなら、この三つによって人間はよい行いも悪い行いも、どちらもできるからです。「身・口・意」のよい行いと、人々を悟りの道へ！という「固い誓願」、この四つを強く心の中にもつことが法華経を広める心持ちなのだ、とお釈迦様は文殊師利菩薩さんにいわれました。

ここでひとつの譬え話が登場します。

その昔、転輪聖王《てんりんじょうおう》と呼ばれる王様がいました。兵士が功績をあげると、見合った褒美を何でも与えていましたが、王様の髻《もとどり》の中にある宝石だけは与えることはありませんでした。なぜなら、それは王様だけがもつ宝石であり、もしそれを与えれば、まわりの王族や家臣たちは驚いて、王様に対し疑いの目をもってしまうからでした。

お釈迦様はまさにこの王様と同じように悟りの国の王様です。その中で最高の宝物である法華経を、今までみだりに人々に与えることはありませんでした。それぐらい尊い教えを、今まさに説いているのです。

法華経は、その教えを説くべき時と受ける者、どちらの準備も整ったうえで説かれてこそ意味があり、教えを受けた者は決してこれを軽んじてはいけないといいます。

またこの章の最後は、法華経を広める者は大きな功徳を得て、病苦や貧苦にあえぐことはなく、必ず未来は明るく照らされる、と結ばれているのです。

ここで少し加えておきたいのが、「病苦や貧苦にあえぐことがない」というのは、「病気にならない」「貧乏にならない」ということではなく、「病や貧しさの中にあっても、その苦を苦と思わない境地へ入ることができる」ということだと思うのです。ここのところをよくご理解いただかないと、法華経はただのご利益宗教のような主張になってしまい、クレームの電話が鳴りっぱなしになってしまいそうです。

なんせ人間、生きているのですから、信じていれば病気にならないというわけではありません。そうなったときにどういう気持ちで現実に対応できるのかというのが、信仰生活においての最大のポイントだと思うのです。揺るぎない信仰心があれば、どんな苦難にあっても大丈夫！　私はそのような気持ちで、いつも仏教のことを「スーパー終身型保険」と呼んでいます。何があっても必ずお釈迦様がサポートしてくださるのです。

法華経を布教する者の心持ちはいかなるものでなければいけないのか？　お釈迦様からお弟子さんに示された四つの行い、安楽行。いきなりすべてを行うことは無理でも、少しずつでも日常生活の中で実践できることは、たくさんあるのではないでしょうか？

お釈迦様は私たち仏弟子に、決してできない課題は与えられないと思います。

15 地から顔出すホトケさん!?……従地涌出品第十五

産後まもない頃、毎日二〜三時間おきの授乳による寝不足や帝王切開の傷口により、体力が激減していました。「産後うつ」なる言葉も存在し、「確かにこれは家族のサポートがなければ産後うつになる人もいるやろな〜」と、ヒシヒシと感じたものでした。

しかし、もともと育児はたいへんなものだということは聞いていましたので、「育児はたいへんで当たり前」を大前提にしておき、逆に小さなことに喜びを見つけるようにしたところ、体力面はつらくても、精神的には明るく楽しい毎日を送ることができました。

「今日は体調がよいからオッパイがたくさんでてる！　私の体のオッパイ工場、かなりイケてる!?」とか、「なかなかまとめて睡眠時間がとれへんけど、今日は一時間寝ただけで、こんなにスッキリ！　人間の体ってすごい！」とか、「哺乳瓶を煮沸している間にブログのコメント全部返せた！」など、自分自身の中で楽しくポイントカードをつけるような感覚で毎日を過ごしていました。

しんどくて当たり前な毎日であったからこそ、小さな喜びを自発的に見つけよう、そんな心持ちによってうまく乗り越えることができたのです。

私自身に日常生活をはじめ、人生そのものを楽しく生きるコツを教えてくれたのがまさに妙法蓮華経であり、本章「従地《じゅうじ》涌出品《ゆじゅっほん》」でした。

法華経の後半部分に突入し、ここからのメインテーマは主に二つとなりました。一つは「お釈迦様は永遠の命を有している」ということ、そしてもう一つには「法華経を広めるメンバー大募集！」ということです。

ここでは最初に、お釈迦様が説法をする霊鷲山に他の仏の国から多くの菩薩が集まり、お釈迦様の滅後に法華経を広めることを申し出ました。しかし、お釈迦様は断ります。なぜなら、すでにこの娑婆世界にはお釈迦様の弟子がたくさん存在し、その弟子たちが法華経を広めるからだといいます。一見、せっかくの申し出を断るとはお釈迦様は冷徹なお方だなとも感じますが、実はここに法華経の法華経たるゆえんがあるのです。

お釈迦様はこの世界を明るくすることを他国の人に任せるのではなく、この世界で暮らす仏弟子自身にその役割を託しました。法華経は「自らの努力や心のもちようによって、今いるこの場所を仏の世界にしましょうね」という教えなのです。

私たちの暮らすこの世、「娑婆《しゃば》世界」は、別名「忍土《にんど》」といい、耐え忍ぶことだらけの世界です。つまり、この世で生きることはとてもたいへんであるということは、すでにわかりきっていることであり、その中で、いかに自分の気持ちをプラス思考に働かせるかということが、私たち仏教徒に問われているのです。

たとえば同じ仕事をしていても、それを苦痛と感じるか、喜びと感じるかは自分次第なのです。仕事自体から逃げ出すことはできないのですから、せっかくであれば楽しんでやったもん勝ち、といったところでしょうか。

続きを見てみましょう。そのとき、地中からたくさんの菩薩さんたちが涌き出てきました。今まさにお釈迦様が法華経を説かれようとしているのを知り「宣教の時が来た！」と地から現れたのです。

その先頭に立った四人の菩薩さんが、お釈迦様に再会の言葉を述べました。再会——お釈迦様がおっしゃるには、このたくさんの菩薩さんたちは、お釈迦様がこの娑婆世界で悟りをひらかれてから教化した直弟子とのことでした。……と、ここまで書くと、「ちょっと待って？　何かおかしいで？」と思った方も多いのではないでしょうか？　なにせ、お釈迦様が悟りをひらかれてからこのときはまだ四十数年しかたっていません。

もちろん、みなさんと同様、霊鷲山に集まっていた民衆も同じ疑念をいだきました。いくらお釈迦様でもたった四十数年で、これだけ多くの菩薩を教化することはできないのではないか？　そこで、弥勒菩薩さんが立ちあがり、お釈迦様にいいました。

「お釈迦様がこの世で悟りをひらかれてから、これだけの菩薩を教化してきたとは、とても信じ難いことです。それはまるで二十五歳の若者が百歳の老人を指さし、『あれはわが子である』といい、老人も若者を『あれはわが父である』というのと同じくらい不思議なことです。これでは多くの人がお釈迦様に疑念をいだいてしまいます。どうぞお願いです、その意味するところを教えてください！」

この願いを聞いたお釈迦様。弥勒菩薩さんの疑念に答えるべく、いよいよ法華経の神髄ともいわれる次章、「如来寿量品《にょらいじゅりょうほん》」で真理を示されるときが来たのでした。

16　ずっとずーっと、一緒やで……如来寿量品第十六

さあ、法華経の最重要章「如来寿量品第十六」へやってきました！　何を隠そうこの部分が、当時十五歳だった私の魂にストライクボールを投げ込み、「お釈迦様、どうぞ弟子入りさせてください！」と、心の中で仏教の「門」をドンドンドン！と叩かせた箇所なのです。

では、早速、見ていきましょう。前章で弥勒菩薩さんから「皆の疑念を解き明かしてください」と請われたお釈迦様。お弟子さんたちの心が強く揺るがないことを知り、語り始めました。

「私は釈迦族の王子として生まれ、この世で悟りをひらいたと思われていますが、実はそうではありません。私が悟りをひらいたのは遥か昔、遠い過去のことでした。その遥か昔から私はさまざまな仏として人々を教化し、導いてきたのです。そして〝涅槃に入る〟と語ったこともありました。しかしそれは、本当に私の命が失われることをいうのではなく、ひとつの方便であったのです。

人々は私がこの世にずっと存在すると思えば、その教えをおろそかにします。しかし、私がこの世からいなくなると聞けば、日頃は私の教えに耳を傾けない人でも、教えを大事にします。だから私は実際には永遠の命をもっているにもかかわらず、入滅していなくなる、と告げるのです。ここでひとつ、譬え話をしましょう。

昔、腕のよい医師がいました。子供がたくさんおりましたが、ある日のこと、子供たちが医師のもつ毒薬を誤って飲んでしまいました。医師は急いで解毒剤を飲ませましたが、毒が神経まで回ってしまった者は、父親がいくら解毒剤だといっても信じようとせず、薬を飲みません。そこで医師はいいました。『私は急用を思い出したので、今からこの家を出立します。ここに解毒剤を置いていくので、必ず飲むのですよ』。そして家を出たあと医師は使いの者を家へ送り、子供たちに『お前たちの父親は死んだ』と告げさせました。ショックを受けた子供たち。毒が神経まで回っていた子供もさすがに目が覚めたのでしょうか。父親が残した言葉、そして解毒剤を思い出し、口にしたのです。すると、みるみるうちに毒は抜け、正気を取り戻したのでした。それを知った医師は家へ戻り、子供たちに『実は私は死んでいなかったのだよ』と姿を見せたのでした。

このように、私が『今、まさに入滅する』と告げたのは、この父親のように方便をもって皆を救うためだったのです」

お釈迦様はここで、実は自分が永遠の命を有しており、遥か昔に悟りをひらいたこと、そして人々を過去・現在・未来にわたり教化していくことを明かされました。さらには、お釈迦様がこの世からいなくなる、亡くなってしまう〝入滅〟は、実は人々を導くための方便であり、実際には死なないこと、つまり、その教えは永遠に存在し、滅びることはないことを示されたのです。

ここで登場する医師の譬えは、まさにお釈迦様が私たち凡夫を導く父親のような存在であり、法華経は私たちの人生にとって最高の良薬であると読み取れます。私たちはお釈迦様が与えてくださった薬をいつもほったらかしにしていて飲もうとしません。しかし、それが最高の良薬と知ったからには、この「良薬」＝「法華経という最高の教え」を決して無駄にしてはいけないのです。

さて、お釈迦様はここで示された内容を改めて偈文によって語られました。ここからが「自我得仏来《じがとくぶつらい》　所経諸劫数《しょきょうしょこっしゅ》　無量百千万《むりょうひゃくせんまん》　億載阿僧祇《おくさいあそうぎ》……」で始まる「自我偈《じがげ》」と呼ばれる部分です。要約してみましょう。

「私が仏になったのは、遥か昔のことです。皆を救うため、実際には永遠の命をもっていますが、ときに生まれたり死んだりするような形をとり、人々を教化してきました。私の国土であるこの娑婆世界は、実は素晴らしい世界であるにもかかわらず、人々にはこの世界が炎に焼き尽くされているかのように見え、苦しみに満ちているものと思っています。あなたがたは私の言葉を疑ってはいけません。決して嘘ではないのです。それは、医師が愚かな子供を救うためについた嘘を、嘘だといえないのと同じです。導くための方便なのです。私もまたこの父親のように、この世の父として人々を救います。そして、仏の言葉を真剣に受け止めない人々のために、『私は入滅する』と語ることもあるのです。
　私はいつもこのように考え、念じています。『どのようにすれば人々を悟りの道へ導き、成仏させることができるのか』と」

「どのようにすれば人々を悟りの道へ導き、成仏させることができるのか」（お経では「毎時作是念《まいじさぜねん》　以何令衆生《いがりょうしゅじょう》　得入無上道《とくにゅうむじょうどう》　速成就仏身《そくじょうじゅぶっしん》」）――私はこの部分を初めて読んだとき、瞬間的に思いました。「あ、私もこの霊鷲山でお釈迦様の話を聞いている一人だ」と。そして涙が流れてきました。嬉し涙です。なぜって、お釈迦様が日々頭を悩ませ考えていることが、私たちを「どうしたら悟らせることができるだろう？」ということだったからです。

自分のことをそこまで考え、心配してくれるのはこの世に親ぐらいしかいないと思っていましたが、まさかお釈迦様がそのように人々（私も含む！）に対して史上最大の「親心」をいだいておられたとは……驚きと、感動と、感謝の気持ちが胸からあふれ出てしまったのでした。親以上の親。それがお釈迦様であり、人生の師匠なのです。


人というのは時として、人の情を知って、生きる力を得ます。

自分のことを励ましてくださるお釈迦様。

自分のことを心の底から心配してくださるお釈迦様。

永遠の命と教えをもってずっとそばにいてくださるお釈迦様。

親以上の親であるお釈迦様。

自分というちっぽけな存在が、お釈迦様からこれだけ大きなお慈悲で包まれていることを知った今、もうその期待に応えないわけには、いきませんよネ。

コラム③……お釈迦様は「絶対に裏切らない恋人？」

私の初恋はいつ頃のことでしたでしょうか？

昔っから惚れっぽい性格で、幼稚園のときはお友達のトオル君、小学校ではクラス替えのたびに好きな子が変わり、中学生になるとマフラーを編んだりして、恋に恋して生きてきました。そして高校入学後、初めてできたボーイフレンドに浮足立つ反面、実際に異性とお付き合いをする難しさを感じるようになりました。

その後、落語家として入門したので、いったん恋はお休み。三年間の修業を経て、独り立ちしたあとに恋愛も再開。異性と付き合う中で、それはそれはいろいろな感情を味わいました。相手のことが好きであればあるほど胸が苦しくなるのです。「もっと相手に愛されたい。もっと自分の気持ちを伝えたい。裏切りたくない。裏切られたくない。自分が相手を愛しているように、相手にも自分のことを愛してほしい……」。

お恥ずかしい話ですが、このような気持ちにどこか心地よさを感じながらも、いつも苦しめられていました。相手を求めてやまない心、恋い慕ってやまない心、そんな私の心はいつも乾ききっていて、どうか潤してほしいと願ってやまないのでした。
しかし、実際に男と女というのは不思議なもので、どんどん心は移りゆきます。私が本当に魂の安穏を感じられる恋や愛など、この世には存在しないのではないかと思いました。

さて、そのようにどこか寂しい私の心を満たしてくれたのが、お釈迦様でした。しっかりと私を受け止めてくれて、ずっと一緒にいてくださる。私が世界で一番ほしかった、恋い焦がれたもの「慈悲」を与えてくれる存在が、お釈迦様であったのです。

法華経の最重要部分と呼ばれる如来寿量品第十六の偈文に「咸皆懐恋慕《げんかいえれんぼ》　而生渇《にしょうかつ》仰心《ごうしん》」という言葉が出てきます。これは、私たちが苦しみの中を彷徨っているところへ、あえてお釈迦様が入滅という形をとり、お姿を隠されることによって、私たちの助けを求める心、仰ぎ求める心、つまり「渇仰」を生じさせ、その仏を恋求める心で「恋慕」することによって、私たちのもとに現れて法を説いてくださるというのです。

「どうしてもこの苦しみの世界から助けてほしい！」とお釈迦様を恋慕する心。普通の恋愛であれば、押せば押すほど相手は逃げて行きますが、求めれば求めるほど、それにしっかりと応えてくれるのがお釈迦様。だから私はお釈迦様を「絶対に裏切らない恋人」と呼ぶのです。

17 物より気持ちのプレゼント……分別功徳品第十七

落語家という商売には「定年」という言葉がありません。ひとたび入門すれば、死ぬまで落語家。まさに一生モンの職業です。どんな生き方をするのか、どんな噺をするのか、本当に人それぞれ。ですから、ツウと呼ばれるお客様の中には落語はもちろん、落語家という生き方そのものを味わいに来る方も大勢いらっしゃいます。

そんな私たち落語家が、とても大事にしているのが「ネタ」。自分に合うネタを探すのも大切ですし、自分のキャラクターにまったく合わない噺にあえて挑戦することによって、自分の芸の幅を広げることも勉強のうち。何が当たるかわからない世界であるからこそ、日々いろんなことを模索し続けているのです。

私は十八歳で入門してから三年間、大師匠である二代目・露の五郎兵衛師匠のご自宅で住み込みの弟子としてお世話になりました。毎晩夕食のあと、お茶を片手に大師匠から聞くいろいろなネタの話に右も左もわからない私は興味津々。

それを見抜いて、「おまはん、このネタやってみたいんか？」と聞く大師匠。私はすぐさま「ハイ！　いつかぜひ」と答えると、「ん……まあ、このネタはおまはんが芸歴十年越えたらやってみたらエエな」「あのネタは四十代にならな無理やろな」「これは修業が明けたらすぐに挑戦してみたらエエ」と、大師匠は私の性格や生き方、能力を考慮して、私が噺家人生で迷子にならないように、しっかりとアドバイスをくださったのでした。

これだけ素晴らしい大師匠の「教え」はお釈迦様同様、まさに「永遠」ですので、大師匠亡き今もその教えはしっかりと私の中に息づいています。

さて、そのように私の能力を見据えて「団姫がこのネタをできるようになるにはあと何年後やな」と常に考えてくださり、私にそれを伝えることによって、これから迎えるであろういくつかの節目での目標を明確にしてくださった大師匠。私にとっては本当にありがたい存在ですが、実はこの章「分別功徳品《ふんべつくどくほん》」では、お釈迦様もお弟子さんたちに対し、それぞれが悟りに至るまでの時間を告げられたのでした。

そのとき、お釈迦様の命が永遠であることを聞いた数えきれないほど多くの人々は、大いなる功徳を得ました。そして、菩薩の道を歩む者は〝仏の言葉を保つ力〟、〝相手の能力に合わせて説法する力〟、〝教えを広める力〟、〝迫害に負けず布教する屈強な精神〟、〝見返りを求めず法を説く心〟など、たくさんの力を得たのです。

お釈迦様はお弟子さんたちそれぞれに「悟りに至るまでの時間」を告げられ、成仏の約束をしました。また、多くの人たちに「菩提心」、つまり「ヤル気の芽」が次々に起こったので、弥勒菩薩さんはお釈迦様に感謝の言葉を述べました。

「お釈迦様が今お説きになったことを聞いて、ここにいる者たちはたいへん喜び、悟りの道を歩む覚悟ができました。お釈迦様は今まさにその悟りへの心を起こす手助けをしてくださったのです！」

するとお釈迦様は答えました。

「弥勒菩薩よ、私の命が永遠であることを聞いて、それを固く信じたものは測りしれない功徳を得ます。いかなる修行をしようとも、それに匹敵するものはありません。〝信じる〟ということが何よりも大きな功徳を得るのです。それだけ私の永遠の命を信じることは大切で、ひとたびでも深く信じるならばそれは大きな幸いです。また、私のために塔を建てて供養する必要もありません。なぜなら法華経を受持し、読誦することが、塔を建てることと等しい、尊い行いであるからです。このように、私の教えを信じる者は大きな功徳を得、私はいつ、いかなるときでも、その者とともにあるでしょう」

昨今、恋人からもらうプレゼントの値段で愛の大きさを測ろうとする人がいます。「ヴィトンのバッグでないと絶対イヤや！　別れる！」とか、「いつも二人で行くイタ飯屋で誕生日を祝うなんて、ありえへん！　フレンチ連れてって！」など、いろんな声が聞こえてきます。

しかし、お釈迦様は自分へのプレゼントはどんな「物」よりも、「信じる気持ち」が何よりのプレゼントであるから、どうぞこの教えを信じてね！と、この章において私たちに語りかけておられるのです。

仏道修行の道場とは、お寺や山の中と思われがちですが、なにもそれだけではありません。いつでもどこでも、「今、自分自身がいる場所」が「仏道修行の場」なのです。常に自分の中で法華経を信じる心、そして実践する心があれば、大好きなお釈迦様にいつだって最高のプレゼントを贈ることができるのです。

18　福を転じて福となす……随喜功徳品第十八

前章に引き続き、ここでもまた法華経の功徳が示されます。お釈迦様がいわれました。

「この経の教えを聞き喜んで、己が聞いたままに人に伝えた人があったとしましょう。またそれを聞いた人が他の人に伝えたとして、そうするうちに人数が五十人になったとします。そして、その五十番目の人がこの経を少しでも聞いて歓喜するならば、その福徳は数や譬えでは表すことができないほど大きいのです。また、僧坊において法華経を受けるものは清らかな世界へ転じることができます。また、法華経が説かれる場において他者にその素晴らしさを伝え、聞くことを勧め、場所を譲ったとするならば、その人は帝釈天の座に座るのと同じ功徳を得ます。また、他者に対し教えを共に聞きに行くことを勧めるならば、すべての人に好まれる人となるでしょう。このように、一人にでも法華経の素晴らしさを伝えるならば、その者は大きな功徳を得るのです。法華経を受持し、読誦し、行じる功徳は無量です」

こうして読んでみると、この章は何度も何度も繰り返し「法華経を伝えることの功徳は測りしれないほど大きい」と訴えています。それだけ「何としてでもいろんな人に伝えてほしいお経であり、伝えなければいけないお経」とも受け取れますよね。

そして、私はこの章のさらなるポイントは、前半部分の「五十人にまで聞き伝わっても、その功徳は一人目と同じく、非常に大きいものである」というところにあると思います。少しイメージしにくいかもしれませんので、バケツリレーで考えてみましょう。

たとえば、五十人の人がバケツリレーをしたとすると、おそらく最後の一人に行きつくまでに残りの水はごくわずかとなっています。しかし、「法華経を伝える」というバケツリレーは、最初に水を入れる係がお釈迦様です。そして「水」は大切な教えである「法華経」。このバケツの水は大切な水であるからこそ、一人ひとりがしっかりと横の人に一滴もこぼすことなく渡していきます。なぜなら、「一滴もこぼさず横の人にバケツを渡さなければいけない」という使命感が、このリレーの参加者一人ひとりにしっかりと備わっているからです。結果、五十人目の人は最初にお釈迦様が入れただけの水を受け取ることができました。そして、お経の中ではこれ以上は触れられてはいませんが、きっとこのバケツリレーは百人続いても千人続いても、中身がこぼれることはないでしょう。

「法華経を受持する」という表現がよく出てきますが、まさに一人ひとり、しっかりと法華経を受けて保ち、次の人へ渡す心持ちがあれば、その素晴らしい教えは薄まることなく、どれだけでもたくさんの人へ広まっていくのです。「災い転じて福となす」という言葉がありますが、法華経を伝えるということは、伝える者も伝えられる者も、どちらも福徳を得られる、まさに「福を転じて福となす」素晴らしい行いなのです。

お釈迦様がこの世に現れてから約二千五百年。その間、ずっと続いてきたバケツリレー。ほらほら！　ボーッとしてたらあきません！　次にバケツを受け取るのは、アナタかもしれませんよ。

19　根っこが変われば世界が変わる……法師功徳品第十九

法華経を広めようとする者は、限りなく六根《ろっこん》が清浄《しょうじょう》となる、と、お釈迦様は常精進《じょうしょうじん》菩薩さんに告げられました。「六根清浄」の六根とは、眼《げん》・耳《に》・鼻《び》・舌《ぜつ》・身《しん》・意《い》の六つをいいます。

①眼根…父母より授かった眼のまま、世界の隅から隅まで見ることができる。
②耳根…あらゆるものの声がわかり、その音の意味するところを察することができる。
③鼻根…優れた嗅覚をもち、あらゆる花や香、生き物の香りを嗅ぎ分けることができる。
④舌根…何を食べても美味しいと感じることができる。また、その舌で法華経を説くとき、人々の心に大きな喜びを与えることができる。
⑤身根…人々を魅了し、見る者を喜ばすことができる。
⑥意根…心に迷いがなくなり、教えを素直に受け入れられる心をもつことができる。

お釈迦様は、法華経を広める者はこのような功徳を受けることができ、またその人がたとえ違う宗教や哲学を説いても、心の真ん中に法華経があれば、その教えはすべて仏の教えに通じるのだと語られました。

話は変わりますが、私は以前、仕事上でひとつ大きな悩みがありました。それは、落語家の修行が明けてから約三年間出演させていただいた朝の情報番組での仕事です。まだ出家前だったので肉も魚も食し、なおかつ健康的なイメージだった私は「食べる」ロケ、いわゆる「グルメ・リポート」の担当が多かったのですが、実は私、高校生の頃から「何を食べても美味しいやん！」という状態で、良くも悪くも、食べ物に対しこだわりのない「非グルメ芸人」だったのです。

グルメ・リポートというと、感想は「美味しい！」だけではNG。「〇〇の中に〇〇の味がしみ込んでいて、これが舌の上で最高のハーモニーを奏でております！」など、味を細かく分析しながら美味しさを伝えなければいけないのですが、私にとっては食べ物を食べられるだけでありがたいのに、人間がそれを細かく分析して、偉そうに「グルメ」を名乗ること自体が正直、ちゃんちゃらおかしくてしかたがありませんでした。

まったくグルメでないのにグルメ・リポートをしなければいけない私。芸人としてグルメでないのはいけないことなのかもしれない……とたいへん悩みましたが、ある日、この「六根清浄」を知ったとき、とても気持ちが救われたのです。

というのも、六根清浄の「舌根」は、「何を食べても美味しいと感じることができる」功徳です。そういえば、私が何を食べても美味しいと感じるようになったのは、法華経に出会った高校生の頃からでした。法華経のおかげで世界が明るくなったから、毎日が輝いているから、ありとあらゆる食べ物を美味しく感じるようになったのだと思います。

心のもちようひとつで、「運命」ではなく「運命の歩き方」を変える仏教。よく考えたら「何を食べても美味しい」だなんて、生きていくうえで最高の味覚なのではないでしょうか？ 世間では「グルメ」を看板とする著名人の方もたくさんいらっしゃって、それはそれでよいのですが、私は「グルメでない芸人」として、胸を張って生きていきたいと思います。

20 雨ニモマケズ……常不軽菩薩品第二十

この章では、お釈迦様が過去世において「常不軽《じょうふきょう》」という名の菩薩であったことが語られます。常不軽菩薩は、熱心な法華経の信者であった宮沢賢治の「雨ニモマケズ」のモデルともいえる菩薩。現代における私たち人間が最も見習うべき菩薩ともいえますし、最も見習いやすい菩薩でもあります。早速、見てみましょう。

その昔、自分は悟っていると思い上り、法を細かく分析し、そればかりにこだわってい る愚かな集団がありました。そこへ現れた一人の僧侶。名を「常不軽菩薩」といいました。「常不軽」と呼ばれるゆえんは、この僧侶がどんな人に対しても礼拝《らいはい》をし、「私はあなたを軽んじません」といい続けたからです。しかし、人々の中にはかえって自分のことを馬鹿にされた気になり、怒る者も現れました。そんなこともあって、杖で殴られ、石を投げつけられることもしばしば。それでも常不軽菩薩は決して怒ることなく、「あなたがたはいつか仏となる人ですから、私はあなたを軽んじません」と人々を敬い続けました。

お経を読むでもなく、ただただ礼拝行を己の修行とした常不軽菩薩。臨終の際、空中に響いた法華経を聞いた常不軽菩薩は、六根清浄の功徳を得ました。すると、今まさに臨終を迎えようとしていた常不軽菩薩の寿命はたちまちのうちに延び、未来において法華経を説く仏となったのでした。これによって常不軽菩薩を馬鹿にしていた人々も法華経の教えを聞くことができ、いつしか悟りの道を歩むものとなりました。

お釈迦様はいわれました。「実はこの常不軽菩薩こそ、過去世での私です。私はこのときに法華経を受持することがなければ、悟りをひらくことはなかったでしょう。法華経はすべてのものを悟りへと導く教えです」。

まとめてみましょう。まず、お釈迦様は過去世において、「人を軽んじないという礼拝行」からスタートし、やがて「六根清浄」となりました。そして「法華経を授かり」、「悟りを得」、「お釈迦様になられた」ということでした。つまり、これは私たちへ「まずはあなたたちも人を敬う行から始めなさい。そうすれば、いつか悟りをひらけるでしょう」というメッセージでもあるのです。

私たちは常日頃、ついつい人を否定してしまいがちです。答えは決して一つではないのに、自分と意見の違う者や、自分の立場を脅かす者を否定することによって、自分を守ろうとする傾向にあります。しかし、それは本当に人として立派な行いでしょうか？　胸を張れる生き方でしょうか？

私は法華経のことを「人生を肯定する教え」と呼びます。それは、お釈迦様が私のすべてを受け入れ、そのうえで叱咤激励してくださる教えだからです。せっかくお釈迦様に肯定してもらっている人生なのに、人を否定するなんて、とても馬鹿らしいことのように思えます。お釈迦様は「私」という人間が常日頃、否定してしまっている「相手」をも、

「私」を肯定してくださるのと同じように肯定しているのです。

この世の中、みんなお互い様。どんな人間にも必ず良いところと悪いところがあるのです。まずは人の良いところを見つける、この人も共に悟りの道を歩む仲間だと思う。相手はどこかに必ず自分にはない能力をもっているし、自分は相手にはない能力をもっています。しっかりと認め合って、相手を敬う。これこそがカッコイイ大人の関係だと思いませんか？

宮沢賢治の雨ニモマケズ。締めくくりの言葉は、「サウイウモノニワタシハナリタイ」。お釈迦様のように悟りをひらくことを目標とする私たち。「デクノボー」と呼ばれても、そんなこと、どうだっていい。まずは常不軽菩薩のように人を軽んじない、人を人として敬える、そういう人に、私もなりたいものですね。

21 すべての教えがギュッギュッギュ！……如来神力品第二十一

毎日働いていると、人はときとして「癒し」を求めます。もちろん私もその一人。疲れがたまりにたまると、いろんな欲求が出てきます。お風呂にゆっくり入りたい、あれを食べたい、これも食べたい、ゴロゴロしたい……でも、時間がない。そんなとき利用するのが「スーパー銭湯」です。

近所でたびたび行く「極楽湯」は、まさに極楽そのもの。なぜなら、お風呂はもちろん、アカスリやエステもありますし、マッサージ・コーナーや売店もあります。お風呂上がりには食堂で定食を食べるもよし、ソフトクリームをペロリとするもよし。ゴロ寝スペースでうとうとしている旦那は最高にほっこりとした顔をしています。

本当なら温泉は温泉、マッサージはマッサージで、それぞれ行けたらよいのですが、なかなかそうはいかないのが現実です。そんなせわしない日々を送る私たちにとっての「癒し」がすべて凝縮されているスーパー銭湯、その利用者の数を見れば、多くの人に愛されている空間であることは一目瞭然です。

さて、仏教の世界をのぞきますと、いろんな種類のお経が存在します。それぞれ特性があって、たいへんありがたいことが説かれているのですが、時間のなかなか取れない私たちは、そのすべてを知ることはできません。仮に人生八十年、すべての時間を仏教に費やしたとしても、仏教のすべてを知ることはできないといわれるほど仏の教えは無限大です。

では、それだけたくさんの教えをなんとかギュギュッと凝縮した、スーパー銭湯のようなお経はないのでしょうか？　実はそれが他でもない「法華経」であり、そのことが証明されているのが、この章「如来神力品《にょらいじんりきほん》」なのです。

ここでは初めに、たくさんの菩薩たちがお釈迦様の入滅後の布教を誓います。するとお釈迦様が「十種の大神力《だいじんりき》」を示されました。十種の大神力とは、「広長舌《こうちょうぜつ》」「放光《ほうこう》」「謦欬《きょうがい》」「弾指《たんじ》」「地動《じどう》」「普見大会《ふげんだいえ》」「空中唱声《くうちゅうしょうしょう》」「咸皆帰命《げんかいきみょう》」「遥散諸物《ようさんしょもつ》」「同一仏土《どういつぶつど》」をいいます。

簡単に申しますと、まず、お釈迦様が「長い舌」を出され、お釈迦様の教えは真実であることを示されました（「広長舌」）。そして「眩《まぶし》い光」を全身の毛穴から放ち（「放光」）、「大きな咳払《せきばら》い」をし（「謦欬」）、指を弾いて音を出されたのです（「弾指」）。すると、「大地が震動」し（「地動」）、その場にいたすべての者が如来の姿を見ることができました（「普見大会」）。空中から「お釈迦様を礼拝しましょう！」と諸天の声が響きます（「空中唱声」）。それを聞いた人々はお釈迦様に深く帰依しました（「咸皆帰命」）。あちこちにお釈迦様を讃える花やお香があふれます（「遥散諸物」）。そして、十方世界と呼ばれるありとあらゆる世界は一つの仏の国のようになったのでした（「同一仏土」）。

この不思議な現象は、以前にも登場した「これからすごいことがはじまりまっせ！」という予兆を示すものです。お釈迦様はこの不思議な十の力をもって、法華経には「すべての真理」「すべての神通力」「すべての秘密」「すべての深い教え」が説かれていることを証明されたのです。つまり、「法華経には仏教の神髄がギュギュッと凝縮されていますよ！　だからスゴイんですよ！」と宣言されたということですね。これこそが法華経の「諸経の王」たるゆえんなのです。

お釈迦様はいいました。「法華経はこれだけ素晴らしいものだから、ありとあらゆる場所で説きなさい。その場所がどこであれ、そこがすなわち悟りをひらく道場となるのです。法華経を広める者は大きな功徳を得て、いつでもどこでも私を見ることができます。そしてあらゆる如来を喜ばせ、真理を体得するでしょう。その人は太陽や月の光のように人々の闇を照らし、たくさんの人を菩薩の道へ導くことになるのです。だからこそ、法華経を広める者はいつか必ず悟りをひらくことができるでしょう」。

法華経の本領発揮ともいえる「如来神力品第二十一」でした。

22 あとは頼むで！ 拡散希望!!……嘱累品第二十二

法華経の中で最も短い章「嘱累品《ぞくるいほん》」に入りました。ここでは、お釈迦様がご自分が亡くなられたあとの布教を、お弟子さんたちに委託することがテーマです。

そもそも「嘱累」の「嘱」とは「頼む」「いいつける」という意味で、「累」には「迷惑」や「他から受ける災い」という意味があります。つまり「嘱累」とは、お釈迦様からお弟子さんたちに「法華経を広めることはたいへんで、いろいろと嫌なことがあるかもしれないけれど、どうか頼みますよ」ということになります。

そもそも師弟関係なのですから、弟子は師匠のいうことは絶対です。お釈迦様がお弟子さんに、「嫌なことがあるかもしれないけど……迷惑がかかるかもしれないけど……」と気を遣う必要はないのですが、わざわざここでお釈迦様が気を遣われたということは、法華経を布教することはそれだけ本当にたいへんなことなのだと読み取れます。

お釈迦様は立ち上がると、菩薩さんたちの頭に右手を置き、語られました。

「私は遥か昔からたいへんな修行をし、悟りをひらくことができました。今、あなたがたにこの法を委託しましょう！」

そしてお釈迦様から布教に際し条件が加えられました。それは「自分自身がよく修行をしたうえで布教しなさい」ということでした。さらにお釈迦様はここで、「仏の教えを信じない人」への具体的な布教の仕方を示されています。それは次のような順序で布教することです。

①仏の教えの大まかな意味を説明する。
②次に、その詳細を説明する。
③説明した内容を相手に実行させ、利益を得させる。
④教えをもち続けることが喜びとなるように導いていく。

以上の順序をもって布教すると非常に効率がよく、間違いがないとお釈迦様はおっしゃったのです。この教えを聞いて、菩薩さんたちは大いに喜び、布教を誓いました。そしてお釈迦様はそこへ集まっていたたくさんの仏さんたちに、それぞれの場所へ帰るよう告げたのです。

では、この章の要点をダイエットに置き換えて考えてみましょう。この章と同じ構成でダイエットCMを作ってみると、こうなります。

♪〜♪〜♪〜

「今日も始まりました！　あなたの暮らしを助ける通販番組、マルコドットコム！　本日、ご紹介する商品はコチラ！　一カ月で十キロ痩せも夢じゃない!?『ミラクル・マルコ』です！」

「あの〜、『ミラクル・マルコ』って、どんな商品なんですか？」

「はい、では、詳しくご説明させていただきます！『ミラクル・マルコ』は一日三回、食後にこのサプリメントを飲むだけで体の中のコレステロールを分解し、効果的なダイエットが期待できる商品なんです！」

「本当に効くんですか？」

「はい、実際にモニターの方に一カ月飲み続けていただきました。こちらの写真をご覧ください。こちらの主婦の方は五十六キロあった体重が、一カ月後にはなんとこの通り！四十五キロまで落とすことができたのです！　感想のＶＴＲをご覧ください」
「もう、若い頃からずっと太っていたし、今まで何をやってもダメだったのでダイエットはもう無理とあきらめていたんですが、これは本当に効きました！　スッキリ痩せたので夫にもきれいになったと絶賛されてとても幸せです！　そして何よりサプリメントで飲みやすいので、これからもずっと『ミラクル・マルコ』を続けていきたいと思います！」

どうですか？　このパターンのＣＭを見ると、興味がなかった商品でもついつい買いたくなっちゃいますよね。お釈迦様のおっしゃった布教の順序、思わず納得です。

この章でお釈迦様は「自分自身がよく修行したうえで布教しなさい」とおっしゃられています。つまりそれは、私たち自身がまずダイエットのモニターとなって、実際に痩せてみて、言葉に説得力をつけてから人に勧めなさい、という意味だと思うのです。
誰も太っている人のダイエット話を信じてくれないのと一緒で、不幸そうな人が法華経の話をしても誰も信じてはくれません。法華経を広めることはお釈迦様への恩返し。まずは自分自身が「法華経のモニター」となって、よく精進してキラキラと輝く人生を送り、「あなたが毎日キラキラしているのはなぜですか?」と聞かれたときに、「法華経のおかげなんです!」と答えられたら、これほど最高の布教はないですよネ!

コラム④……ホンマは仲良し? 「お題目」と「お念仏」

先日、ラジオ番組を聞いていたら、「阿弥陀さんの力で、お肌プルプル!」と聞こえてきました。信仰心が心身の健康によい影響を与えることは知っておりましたが、まさかお肌にまでよいなんて……仏教もここまできたんか~! 最高やわ!と思っておりますと、よおよお聞いたら「阿弥陀さん」でなく「アミノ酸」の間違いでした。

さて、そんな噺を高座でしておりましたところ、「おまはんは法華信者なんやから、阿弥陀さんの話するんはおかしいんちゃうか?」てなことをいわれたのです。

現在、日本では、「南無妙法蓮華経」の「お題目」信仰と「南無阿弥陀仏」の「お念仏」信仰は、しばしば仲の悪いものと思われがちです。しかし、あまり知られてはおりませんが、阿弥陀如来は法華経にも登場しておられる仏様なので、両者が信仰の上で対立するというのはチョット変な話なのです。

法華経の中で、阿弥陀如来は二度登場します。

一度目は幻の城の譬えが出てきた化城喩品第七です。ここでは大通智勝仏の十六王子の一人として登場し、法華経を広めるために西方へと派遣されたとなっています。

そして二度目は薬王菩薩本事品第二十三。こちらではお釈迦様の分身として阿弥陀如来が登場しています。

ですから、法華経を信じているから阿弥陀如来を否定する！というのも、阿弥陀如来を信じているから法華経を否定する！というのもどちらもおかしな話で、「法華経」と「阿弥陀さん」は決して矛盾してはいないのです。

日本仏教の原点である比叡山延暦寺では「朝題目に夕念仏」といい、朝に法華経を唱え滅罪を願い、夜に阿弥陀経を唱え極楽往生を念じます。

仏教にはいろいろな歴史、人間関係があって、ややこしい部分も多々ありますが、「仏教」とは本来、読んで字のごとく「仏の教え」です。その原点に立ち返り、仏教の奥深い教えに目を向け、仏の道を歩んでいきたいものですね。

お釈迦様の願いはただひとつ。私たちがいがみ合うことではなく、みんなが幸せになることなのです。

23 己の身を焼いてでも……薬王菩薩本事品第二十三

このとき、宿王華《しゅくおうけ》菩薩さんがお釈迦様に問いました。「薬王菩薩さんは、どのようにして世の中の人々を救う仏となったのでしょう?」。お釈迦様は答えました。

昔、日月浄明徳《にちがつじょうみょうとく》如来という法華経を説く仏がいました。その弟子で一切衆生喜見《いっさいしゅじょうきけん》菩薩という菩薩さんがあり、この菩薩さんはたいへんな修行をした結果、相手に応じて相手の求める姿で教えを説く力を得ました。

一切衆生喜見菩薩さんは喜びました。「これは私の力ではない! 法華経を聞いたおかげです!」。この感謝の気持ちをあらわしたい。そこで、自分自身の体を燃やす「捨身供養《しゃしんくよう》」

を行い、その体は世の中を照らす「灯」となったのでした。

これを見た多くの仏さんたちは「これこそ最高の布施である」と褒め讃えました。そしてこの灯は千二百年燃え続き、一切衆生喜見菩薩はその生涯を終えました。

しかし、この菩薩さんはその功徳により再び日月浄明徳如来の国に生まれ、さらなる供養をし、法華経を広め続けたのでした。そして日月浄明徳如来亡きあと、たくさんの塔を建てて供養したといいます。お釈迦様はいいました。「この一切衆生喜見菩薩こそが、今の薬王菩薩なのです」。


ここで、法華経を受持する功徳が説かれました。それは、この世のあらゆる水の中で海が一番のように、法華経はすべてのお経の中で最も深く広い教えであること。それは、この世のあらゆる山々の中で須弥山《しゅみせん》が一番であるように、法華経はすべてのお経の中で最も高くそびえていること。それは、あらゆる星の中で月の輝きが一番であるように、法華経はすべてのお経の中で最も輝いていること、等々、たくさんの譬えを用いて、法華経がすべてのお経の中で最も優れていることを示されたのです。

さらに今度は法華経の恵みとはどういうものかが説かれました。

それは、喉が渇いた人が得た池の水のようです。
それは、寒さに凍えた人が得た火のようです。
それは、裸の人が得た衣服のようです。
それは、商人たちが得た主のようです。
それは、子供たちが得た母のようです。
それは、海を渡る人が得た船のようです。
それは、病人が得た医者のようです。
それは、暗闇で得た灯のようです。
それは、貧しい人が得た宝石のようです。
それは、民が得た王のようです。
それは、貿易商たちにとっての海のようです。
それは、かがり火が闇を駆逐するかのようです。

法華経はすべての人を苦しみから救い出す経典なのです。お釈迦様はいわれました。
「もし法華経を広め、説かれているとおりに修行するならば、その人は死後、必ず阿弥陀如来のおさめる極楽世界に生まれ、あらゆる苦しみから離れることができます。そのとき、その目は清浄を得て、たくさんの仏を見ることができるでしょう。さあ、法華経を広めなさい」

仏弟子としての修行モデルともいえる「薬王菩薩本事品《やくおうぼさつほんじほん》」を見てみました。さて、私はこの章で注目すべきは、己の身を焼いて供養とした「捨身供養」だと思います。よくこの捨身供養のお話をすると、「焼身自殺」と勘違いされる方がありますが、これは決して自殺ではありません。もともと仏教は殺すことを禁じていますので、他者を殺すことはもちろん、己を殺すこともお釈迦様は良しとしないのです。では、捨身供養とはいったい何なのでしょうか？　それは、「己の身を挺してでも、世の中を仏法で照らしたい！」という布教の「覚悟」のことなのです。

私は法華経によってこのうえない幸せを得たとき、「ああ、もう本当に私は幸せや！　この教えをもっといろんな人に知ってもらいたい！」と心底思いました。スケールこそ違いますが、私の場合、髪の毛を捨ててでもよいから尼さんになって、たくさんの人に落語で仏教を広めよう、と考えましたが、一切衆生喜見菩薩さんの場合は、自分の身を焼いてでも苦しむ人々を照らす灯になろう！と思われただけなのです。法華経への思いを、まだその教えを知らずに苦しむ人々を照らすために己が灯になることで表す。これほどの供養はありません。

この章では、法華経に二度しか登場しない阿弥陀如来さんが登場します。阿弥陀さんをご本尊とする浄土真宗の「恩徳讃」の歌詞は「如来大悲の恩徳は 身を粉にしても報ずべし 師主知識の恩徳も ほねをくだきても謝すべし」。私はこの歌を聞くと、いつも大きくうなずいてしまいます。「身を粉にしても報ずべし」。仏の教えに心の底から帰依した瞬間、本当にこういう気持ちになれるので、人間まだまだ捨てたもんじゃないですね。

24 どこでもドアがなくっても……妙音菩薩品第二十四

「ドラえもん」てな便利なネコ型ロボットがいます。残念ながら実在しませんが、ドラえもんは漫画の中で四次元ポケットからいろいろな道具を出し、いつもダメダメなのび太君を助けています。もし、ドラえもんが私のところへ来てくれたなら、私は迷わず「どこでもドア」を希望します。なんせ、落語家という商売は毎日毎日、全国あっちゃこっちゃ行かせていただくものですから、アレさえあれば移動時間てなことを考えんですむわけです。でも、結局は漫画の世界。現実に瞬間移動ができる人間など、この世にはいないわけですが……。

さて、この章では主役である妙音《みょうおん》菩薩さんが「どこでもドア」を使わずして、遙か遠くの世界と私たちの住む娑婆世界を驚くべきことに「往復した」ことが語られています。

お釈迦様は眉間より眩い光を放つと、東方の世界を照らされました。そこに照らし出されたのは遥か遠く東にある浄光荘厳《じょうこうしょうごん》世界という国でした。ここには妙音菩薩という修行者があり、妙音菩薩には相手の能力に応じて布教する力がそなわっていました。あるとき妙音菩薩は願いました。「娑婆世界へ行って、お釈迦様を拝したい」。すると、その世界に住む浄華宿王智《じょうけしゅくおうち》如来は娑婆世界、つまり私たち人間が住むこの世のことを語られました。

「娑婆世界は決して美しいところではありません。しかし、あなたは娑婆世界に住む人々を軽んじてはいけませんよ」

妙音菩薩は精神を集中し、法華経の舞台である霊鷲山にたくさんの蓮華を出現させました。そして、たくさんの菩薩を伴い娑婆世界に現れたのです。その場にいた華徳菩薩さんは驚きました。「こんなことができる妙音菩薩さんとは、どんな方なのだろう？」。そこでお釈迦様は妙音菩薩のもつ不思議な力は前世の功徳によるものであることを明かされたのです。

「妙音菩薩はその昔、雲雷音王仏《うんらいおんのう》という仏様に仕え、その力を得ました。そしてたくさんの徳を積み、生きとし生けるもののために法華経を説いてこられたのです。妙音菩薩は法を説くためにあらゆるものに姿を変えました。それは梵天や帝釈天であったり、王やお坊さん、または男であったり女であったり……いろんなものに姿を変え、人々を導いてきたのです。それを聞いて、妙音菩薩とともに現れたたくさんの菩薩も同じ力を得ました。この後、妙音菩薩と菩薩たちは浄光荘厳世界へ帰って行ったのです」

このようにお釈迦様が、妙音菩薩が遥か遠く浄光荘厳世界から娑婆世界を往復された話をされると、たくさんの菩薩たちがこのうえない悟りの境地に至り、また華徳菩薩も法華経を通して仏の智慧を得たのでした。

私たち人間は日頃、ないものねだりばかりしています。雑誌で美人なモデルさんを見て鼻の下を伸ばす夫に、「ここにおるやろ？　わが家の美人が！」と、何度ほっぺたをつねっても、夫はなかなか気がつきません（え？　それは別問題やって？）。

さて、この章では妙音菩薩さんが遥か遠い国からわざわざお釈迦様に会いに来られました。妙音菩薩さんがどれだけ距離が遠くても「拝したい」と願ったお釈迦様は、実は私たちのすぐそばにいらっしゃいます。それに気がつかない私たちはなんと愚かな存在でしょうか。私たちは人が求めてやまない「悟り」の、実はすぐそばにいるのです。そう、私たちはとても恵まれた場所に生まれてきているのです。

そして、もう一つこの章を読んで気づかされることがありました。それは、この世には永遠のものなど存在しませんが、お釈迦様の教えだけは過去・現在・未来という時間を自在に超えて行くことができる永遠の教えであり、その教えが及ぶ距離や範囲は無限大だということです。

ドラえもんがいてくれたら、どれだけ便利だろうと考えてしまうこともありますが、どこでもドアがなくっても、心の扉を開いてみれば、いつもそこにはお釈迦様がニッコリ笑顔で立っていらっしゃいますよ。

25　SOSはすぐキャッチ！……観世音菩薩普門品第二十五

通称「観音経」と呼ばれる章です。ここでは「如来寿量品第十六」と並び、たくさんの人を魅了してやまない観音菩薩さんの教えが説かれています。観音菩薩さんはタイトルにある「普門《ふもん》」という言葉のとおり、ありとあらゆる方向に顔を向けてくださる仏様。

よく世間ではお金持ちの人などはセ○ムなどの警備会社のサービスに加入し、いつも監視カメラに見守ってもらいながら、緊急事態にはすぐに警備員の方が来てくれる、という生活を送っていますが、われらが観音菩薩さんも負けてはいません。観音菩薩さんは「いのち」という宝物をいつでもどこでも二十四時間、死角なく見守って、私たちがいつなんどきSOSを出そうとも、すぐに無線LANでキャッチしてここへ来てくださる、まさにセ○ムも顔負けの、宇宙でいちばん頼りになる存在なのです。

無尽意《むじんに》菩薩がお釈迦様に尋ねました。

「観世音菩薩はなぜ観世音という名前なのですか？」

お釈迦様は答えました。

「人々が苦しんでいるとき、観世音菩薩を深く信じ助けを求め、一心にその名を唱えるならば、観世音菩薩はその声を観じ、苦しみから解き放ちます。この菩薩は、世の中の人々の苦しむ声、助けてほしいという音を観じ、救い出してくれるので世の音を観じる、観世音と名づけられたのです」

これを聞いた無尽意菩薩は、さらに観世音菩薩はどのようにして人々を救い法を説くのかを尋ねました。お釈迦様はこれに対し、「観世音菩薩はそれぞれの人の苦しみや希望をよく観じとり、相手に応じた姿で教えを説くことによって苦しみの世界から救い出し、よい方向へ導いていきます。それゆえ、この菩薩はこの世で人々を癒す救済者、施無畏者《せむいしゃ》と呼ばれるのです」と答えました。

感激した無尽意菩薩は観世音菩薩を供養するため、自分が首にかけていた首飾りを捧げました。すると観世音菩薩はそれを自分の首にかけることなく二つに分け、一つをお釈迦様に、もう一つを多宝如来に捧げたのです。さらに無尽意菩薩は、観世音菩薩がこれまでに積んできた修行や、「みんなを救いたい！」という気持ちが海のごとく広く深く、それは私たち人間の想像の域を超えるほどのことだと知りました。観音菩薩はたくさんの仏に仕える中で、このような誓願を起こしたのだといいます。

そう、観音菩薩は人々に代わって己が苦しみを受けてでも、みんなを救いたい、そのような覚悟をされたのです。

ここから、観音菩薩の功徳が事細かに説かれていきます。それは「念彼観音力《ねんぴかんのんりき》」といって、「観音菩薩の力を念じる」ことです。念じることによって、どのような功徳を受けるのでしょうか？ お経の中にはこう説かれています。


たとえ火坑に落とされようとも、観音の力を念じれば、火坑は池に変じるでしょう。

たとえ海で漂流し龍魚に襲われそうになっても、観音の力を念じれば、波にさらわれることはありません。

たとえ須弥山の上から突き落とされようとも、観音の力を念じれば、体は太陽のように空中に浮かぶことができるでしょう。

たとえ悪人に追われて金剛山から突き落とされようとも、観音の力を念じれば、髪の毛一本さえ傷つくことはありません。

たとえ盗賊に囲まれて刀を向けられても、観音の力を念じれば、彼らの心に優しい気持ちが起こります。

たとえ王の迷走によって斬首されそうになっても、観音の力を念じれば、その刀は折れて壊れてしまいます。

たとえ手足に枷《かせ》をはめられても、観音の力を念じれば、そこから解き放たれることでしょう。

たとえ呪いや毒薬によって命を狙われようとも、観音の力を念じれば、命を狙った者がその苦を受けることになるでしょう。

たとえ鋭い爪をもつ悪獣に襲われようとも、観音の力を念じれば、その難から逃れることができます。

たとえ蛇などの毒をもつものに襲われようとも、観音の力を念じれば、その念じる声を聞いて遠くへ逃げてしまうでしょう。

たとえ恐ろしい雷雨に見舞われようとも、観音の力を念じれば、雲は散ってなくなるでしょう。

お釈迦様はいいました。

「人々が苦難に遭おうとするとき、観音の力はことごとく世の中の苦を救います。観音菩薩は神通力をもち、智慧の方便を駆使して、どんな場所にでもその姿を現します。観音菩薩はあらゆるものを真実の眼で見て、執着のない清らかな眼で見て、広く大きな智慧で見て、あわれみの眼で見て、慈しみの眼で見るのです。観音菩薩を常に願い、常に仰ぎなさい。観音菩薩には無垢で清らかな光があります。その光は太陽の光のごとく闇を破り、災いをもたらす風や火を鎮め、世界中を照らします。観音菩薩の慈悲の心を軸とする戒律は、雷が地を震わすように轟き、慈しみの心は大きな雲のように広く、甘露の法雨を降らせます。そして煩悩の炎を鎮めるのです。争いの場で怯え、戦いの場で恐怖を覚えるとき、観音の力を念じれば、もろもろの怨みも悉くなくなります。

この菩薩は『美しい真理の音』であり、『海の潮が押し寄せるかのような音』であり、『世間の人々とは異なる勝れた音』です。ですから、常に念じるべきなのです。その念に疑いをもってはいけません。穢れなき観音菩薩はこの苦しみの世界の拠り所となり、あらゆる功徳をそなえ、慈悲の眼で人々を見ます。その福に満ちた慈悲は海のようです。だからこそ、この菩薩を敬い、拝しなさい」

そのとき、持地《じじ》菩薩が立ち上がり、お釈迦様の前へ進み出ていいました。

「お釈迦様、もしも人々が観音菩薩の自在の行い、あらゆる方向に顔を向けてくださる神通力について聞けば、その功徳は決して少なくないと思います」

お釈迦様がこの章を説かれたとき、集まっていたたくさんの人々が皆このうえない悟りを求める心を起こしたのでした。


この章は、理屈っぽい人にとってはなかなか納得がいきにくい部分であったかもしれません。しかし、宗教は科学ではありませんし、理屈で考えるものではないのです。ここでは難しいことは考えず、「ああ、観音菩薩さんて、なんてすごい力をおもちで、なんてありがたい存在なんやろう！」と、ただただ素直に感じていただくことが大切だと思うのです。

観音菩薩さんを「聞き」「見」「念じる」とき、私たちは大きな功徳を受け、苦悩はことごとく滅します。

SOSを観じとり、すぐに助けに来てくださる観音菩薩さん。そのセキュリティサービスは、お金持ちでなくてもすぐに入ることができます。加入条件はただ一つ。
「念彼観音力」
観音の力を信じ、念じることなのです。

26 内助の功にも功徳満点……陀羅尼品第二十六

「負けたらアカンでバイキンに〜」——この言葉は、私の大師匠である故・二代目露の五郎兵衛師匠を思い出すうえで欠かせない言葉です。上方落語の大看板として第一線を走り続けてこられた大師匠、その七十七年間の人生で数多くの功績を残されてきました。二〇〇〇年には「紫綬褒章」を受賞、二〇〇七年には「旭日小綬章」を受けられました。

当時、ちょうど住み込みの弟子としてお世話になっていた私は、大師匠の受賞が決まるとすぐに新幹線とホテルを手配。大師匠が国から素晴らしい章をいただくということで、胸が熱くなり、鼻息荒くインターネットでホテルを検索していました。

そんな大師匠のおかみさんは結婚以来、ずーっと大師匠のことをそばで支え続けてこられました。仕事はもちろん、弟子の育成まで大師匠をトータルサポートしてきたおかみさん。大師匠が病気で生死を彷徨ったときも、大師匠の意識の中におかみさんが現れて、「負けたらアカンでバイキンに〜」という声が聞こえてきたとか。まさに、大師匠の命をも救ったおかみさんの言葉、そして愛。これこそまさに「内助の功」と呼ぶにふさわしい関係なのではないかと思いました。

そんなおかみさんは大師匠が旭日小綬章を受章する際、一緒に皇居に招かれました。お二人で頑張ってこられた末の勲章。大師匠はおかみさんと一緒にもらった章だと喜び、私もおかみさんに「おめでとうございます！」とお伝えしました。

世の中には立派な人がたくさんいます。そして、その立派な人をそばで支える人も同じく立派な人なのです。

そのとき、薬王菩薩さんはお釈迦様にいいました。

「私は法華経を持《じ》す者を守りたいと思います。そのために呪文を唱えます」

そして、呪文を唱えられました。

「この呪文はたくさんの仏様が説かれたものです。ですから、この呪文を持す者、つまり法華経を持す者に迫害を加えるということは、これを説かれた仏様たちを迫害することと同じなのです」

お釈迦様は薬王菩薩さんを「よろしい、よろしい」と褒められました。すると、今度は勇施《ゆせ》菩薩さんが立ち上がり、法華経を持す者を守る呪文を唱えました。続いて四天王のひとり毘沙門天《びしゃもんてん》も呪文を唱え、持国天《じこくてん》もやってきて呪文を唱えました。それに続いて鬼子母《きしも》神《じん》、十羅刹女《じゅうらせつにょ》も現れると法華経を持す者を守る呪文を唱えました。そして鬼子母神たちは呪文を唱え終わると、「法華経の教えを実践する人々を守ります！」と誓ったのです。

結局、お釈迦様がここでいいたかったことは、法華経の道を歩む者は、必ず諸天神が守護してくれること、そして何より法華経を「広める者」も尊いが、その人を「守る者」もまた同じく尊い、ということなのです。

大師匠とおかみさん、二人で立たれた皇居、二人で手にした勲章は、「内助の功があってこそ」という、お国からの何よりの「労い」と「敬意」を意味しているように思います。

「負けたらアカンでバイキンに〜」。大師匠は、おかみさんのこの言葉にいつも守られていたのでしょうね。

27 負うた子に教えられて浅瀬を渡る……妙荘厳王本事品第二十七

お釈迦様は語られました。

「遥か昔、雲雷音宿王華智《うんらいおんしゅくおうけち》如来という仏が治める世界がありました。そこには妙荘厳《みょうしょうごん》という王と、その妃で浄徳《じょうとく》、そして浄蔵《じょうぞう》・浄眼《じょうげん》という二人の王子がおり、二人は優れた智慧や徳をそなえていました。あるとき、王子たちは母にいいました。『雲雷音宿王華智如来が法華経を説いておられます！　一緒に聞きにいきましょう！』。

そこで母は答えました。『お前たちの父親はバラモンの教えを信じています。そのような父親に仏の教えを聞かせるのはとても難しいことです。どうしても連れていきたいのであれば、あなたたちが奇跡を起こし、仏様のお力がいかに偉大であるかをお見せするしかありません。そうすれば、きっとお前たちを信じてくれるでしょう』。

王子たちはすぐに父親のもとへ行き、奇跡を起こし、そして父親に仏の教えの素晴らしさを気づかせました。父親はあらゆる奇跡を起こすわが子に驚き、合掌して子らに聞きました。『お前たちはいったい誰に教わってそのような力を身につけたのか？』。

そこで王子たちは、雲雷音宿王華智如来という法華経を説く仏があり、自分たちはその弟子であることを告げました。それを聞いた父親は自らも『その仏に会ってみたい』と願い出たので、王子たちはすぐに母親へその旨を伝えに行きました。『お父様は悟りを求める心を起こされました。どうぞ、出家することをお許しください！』。

母親がこれを承諾すると、王子たちは大いに喜びました。『仏の教えに遭うことはとても難しいことです。どうか、お父様もお母様も雲雷音宿王華智如来のもとへおいでください』。そこで父である妙荘厳王は家臣を、王妃は女官やその家族を連れ、王子たちは四万二千もの民衆を連れて仏のもとへ行きました。

雲雷音宿王華智仏は、妙荘厳王のために法を説き、未来において悟りをひらく約束をされました。妙荘厳王はそれを聞くと、すぐさま王の位を弟に譲り出家したのです。妙荘厳王はいいました。『二人のわが子は奇跡をもって私に仏の教えの素晴らしさを教えてくれました。二人は私を正しい道へと導くため、生まれてきたのです』。

この妙荘厳王こそ、今の華徳菩薩です。また、その妃である浄徳の生まれ変わりが光照荘厳相菩薩《こうしょうしょうごんそう》、その人です。そして二人の王子は、現在の薬王菩薩・薬上菩薩です。この二人の名を心にとどめる者は、大きな功徳を得るでしょう」

これを聞いた人々は、たちまちのうちに煩悩から離れることができ、すべてのものを見る眼が清浄となりました。

この章では、本来は子を導く立場である父親が、反対に子から仏の道へ導かれるというお話でした。これは、いつでも、どこでも、誰からでも、何かを学び取ろうとする姿勢があるならば、お釈迦様はその人を心の底から応援し、全力でサポートしてくださるということなのだと思います。

またここでは、「仏の教えに遭うことは非常に難しい」と書かれておりますが、もう少し詳しく読みますと、それは「優曇華《うどんげ》」のようである、と書かれています。「優曇」とは三千年に一度だけ花が咲くといわれている樹木で、その三千年に一度の花が咲く瞬間に出会うことはとても難しいことにかけて、仏法に遭うことの難しさを表しています。

さらにもうひとつ、ここでは「一眼の亀」の譬えも出てきます。仏の教えに出遭うことは、大海に住む百年に一度しか海面に頭を出さない一眼の亀が、流されてきた浮き木の孔にたまたま頭を入れるぐらい、めったにない巡り合わせである、ということなのです。仏法に出遭うチャンスはどこに転がっているかわかりません。それは身近な人かもしれませんし、たった一度、ほんの一瞬すれ違うだけの人かもしれません。

負うた子に教えられて浅瀬を渡る――まさに熟達した者であっても、ときには自分より経験の浅い者や年下の者にものごとを教わることもあるという世の中。そのことをしっかりと心して、教えに出遭うチャンスを逃さずに生きていきたいものですね。

28 以上解散！ 明日からも頑張って！……普賢菩薩勧発品第二十八

数年前、よく見える方からいわれました。「ははー……アンタ、仏祖の加護、受けまくりやね！」。仏祖の加護、受けまくり!? 日常生活の中でたくさんの神仏に助けられながら守られていること、応援していただいていることは薄々感じていましたが、やっぱりそうやったんか!!と、心の底から嬉しくなった瞬間でした。

私は常々仏教徒としてまっすぐに生きて行きたいと思っています。そして法華経が人生指針の私には仏祖の加護を受けているという大きな喜び、それが明日への力強い希望、そして自信となっているのです。

そのとき、東方世界から普賢《ふげん》菩薩がたくさんの菩薩とともに霊鷲山へやってきました。そしてお釈迦様に礼拝し、申し上げました。

「お釈迦様、私は法華経がこの娑婆世界で説かれているのを知り、多くの菩薩とともに法華経を聞くためにやってきました。お釈迦様がお亡くなりになったのち、どうしたら私たちは法華経の功徳を得ることができるのでしょうか？　どうぞ、教えてください」

するとお釈迦様は、次の四つの項目を実践すれば、法華経の功徳が得られると説かれました。その四つとは次のものです。

①仏祖の加護を受けているという自覚をもつこと
②常に善行を心がけること
③必ず悟りの道へ入ると決心すること
④世のため人のためを思う心を起こすこと

これを聞いた普賢菩薩は大いに喜び、お釈迦様にいいました。

「お釈迦様、私は法華経の道を歩む者を必ず守護することを誓います。その教えを保つ者を安らかな心持ちにし、邪魔する者を近づけないようにいたします。その者が法華経を読誦するならば、私は六牙《ろくげ》の白象《びゃくぞう》に乗ってその者の前に現れ、その心を安らかにします」

するど普賢菩薩は法華経の道を歩む者を守護する呪文を唱えました。

「法華経を世に広める人はさまざまな功徳を受けるので、その教えを実践することが大切です。法華経を広める人はその命が終わるとき、恐怖はなく、速やかに弥勒菩薩のもとへ往くことができるでしょう。だからこそ、私は神通力をもって法華経を守護することを誓います」

お釈迦様は喜んでおっしゃいました。

「普賢菩薩よ、あなたはこの経をよく守護し、多くの衆生を安らかな心にし、利益を与えるでしょう。私も神通力をもってあなたの名を唱える人を守護します。この経を受持・読誦し、よく覚え、修行し、書写する人は、今こそその功徳を知るべきです。この教えを深く信じ実践する者は、仏と等しく尊い存在であるのです。法華経を保つこと、それは、仏を供養することになります。その人は仏の衣に包まれ、素直な心をもち、大きな福を得ます。その人はあらゆる嫉妬などの悪い心に悩まされることはありません。その人は慎ましやかによく修行をする人です。普賢菩薩よ、法華経を保つ人は遠くない未来に必ず悟りに至り、たくさんの人に法を説くことになるでしょう」

これを聞いた多くの菩薩たちや神々、その場にいた人々は、大いに喜び、その胸は希望で満たされ、仏の教えをその心にしっかりと刻み込みました。そしてお釈迦様に礼拝すると、それぞれの世界へ戻っていったのです。


生きていると、いろんな喜び、悲しみがあります。私はこの法華経という教えに出会った喜びをどう表現すればよいのでしょう?

この章の後半に、法華経を広めるその人の頭には、お釈迦様の手が置かれ撫でられる、という表記があります。私は法華経を得る喜びはまさにこの表現どおり、お釈迦様に頭を撫でてもらうことだと思うのです。

信じて、頑張って、何があっても、前に進む、そんな自分自身の頭を「大丈夫、大丈夫」そういいながら撫でてくれる法華経。これほどまでに爽やかでありながら熱い思いを秘めている経典が他にありましょうか。だから私にとってはこの経典が己の魂の揺るぎない拠り所であり、この経の教えを知るたびに、いつもいつも嬉し涙がこぼれてくるのです。

第Ⅲ章 法華経を日々の生活に活かすお話

活かしたモン勝ち！　法華経

第II章では、法華経二十八品をざっくりとご紹介させていただきました。少々理解しがたい部分もあったかとは思いますが、とにかく私がみなさんに知っていただきたかったのは、お釈迦様が大きなお慈悲をもっておられること、私たちは生かされている命であること、そして何より法華経は何ものにも代えがたい最高の宝物だということです。

法華経を読み、「これは宝物だ！」と知った人は、その瞬間、すでにその宝物が自分のものになっています。しかし、せっかく宝物を手に入れたのに、それを活かしきれないことほど、もったいないことはありません。

比叡山延暦寺を開かれた伝教大師・最澄上人は「世間離れて仏教なし」といわれました。法華経をこよなく愛された伝教大師は、「生活に即した仏教のあり方」を求め、決して仏道修行とは超人的なものではなく、誰でもどこでも、心ひとつで始められるものである、とおっしゃったのです。

法華経は、その教えの中に幾度となく「実践のススメ」が出てきます。そして、その実践は「自分の持ち場で、自分なりの方法で」というのが最大のポイントです。

前にもお話ししたように、十三年前、当時十五歳だった私は法華経に出会い、感動のあまり涙がこぼれてきました。「この経をなんとしてでも広めたい！　もっとたくさんの人に知ってもらいたい！　そうすれば、きっとみんな幸せになれるはず！」――イマドキの言葉でいうと「法華経＠拡散希望！」と、このとき出家を決意したのです。

そして、その頃ちょうど落語家になりたいという夢もありましたので、「では、法華経に説かれているように、自分のもっている力（この時点ではこれからもつであろう力）、『落語』で、法華経に説かれている『布教』を実践していこう！」と思い、落語家、そしてお坊さんという生き方を決めたのです。

法華経は広めなアカン、法華経は活かさなアカン、それがお釈迦様への恩返し!!

私も大阪に長いこと住んでおりますので、無駄なことは大嫌い。せっかくの宝物である法華経の教えを、生活の中にジャンジャン活かしていきたいと思います。

さて、私が好きな実践の教えに「六波羅蜜《ろくはらみつ》」があります。その教え「布施《ふせ》・持戒《じかい》・忍辱《にんにく》・精進《しょうじん》・禅定《ぜんじょう》・智慧《ちえ》」をよく見てみますと、実は、一人では行えないものばかり。

たとえば「布施」。困っている人にご飯を分けたり、話を聞いてほしそうな人に耳を貸したりいたしますが、これは相手がいなければできないことです。

「忍辱」もそうですね。会社で上司に叱られても、忍の一字。しっかりと耐え忍んで頑張ることによって根性がつき、いつか一人前と呼ばれるまでに成長していくのです。

お坊さんが山の中に籠もり、ただひたすらにお経を唱えることもたいへん意義のある修行ですが、法華経は在家の人々をはじめ、対象者がすべての人間、そして生きとし生けるものであるため、その生活の中で、それぞれの状況で、上手に悟りをひらくアドバイスが事細かに説かれているのです。

自分と他者とのご縁の中で悟りをひらく勉強をさせていただく——法華経を生活の中で活かしていくためには、まず心しておきたいことです。そして、そのような実践を日々重ねていけば、ツライこともなんとか笑顔で乗り越えることができる、そんな日がいつか必ずやってくるのです。

自分の役割を知り、喜びを知る　落語家修行の場で

私は落語家として入門してから三年間、大師匠のご自宅で住み込みで修業をさせていただきました。その三年間はとてもつらく厳しいものでありましたが、「本来、つらいものである」という状況は、逆に私にとっては法華経の実践の場であり、仏教徒として多くの

ことを学ぶことができたのです。

しかし、「ツライこと」と一口でいっても、それは「耐え忍ばなければいけないツライこと」ばかりではありません。なかには相手への思いがあるゆえに感じる「はがゆいツラさ」もありました。

大師匠が亡くなる二年前のこと。病気のため足を悪くされた大師匠のところへ、たくさんの直弟子の師匠方がお見舞いにやってきました。大師匠の大好きなお菓子を持ってくる方、温泉に連れていく方、私自身も本当は「修業さえ明けていれば」「お金さえあれば」……大師匠にさせていただきたいお見舞いばかりでした。しかし、私は修業中の身。お金も時間も、まして「大師匠の好きなことをして差し上げる」というナマイキなマネは許されません。とてもはがゆい日々が続きました。

ある日のことです。大師匠がご自宅の階段を上りづらそうにしています。しかし、寝室は三階。寝るためにはそこまで登らなければなりません。そこで思わず口から出ました。「大師匠、おんぶ、しましょか?」。すると、そばにいたおかみさんも、「そやな。師匠、マルちゃんにおんぶしてもーて階段上がったほうがええですわ」。

てなわけで、ガタイもよく力持ちの私は大師匠をおんぶして、ゆっくりゆっくり階段を上がりました。そのとき大師匠、なんとも優しい声で私の背中でいわれました。「団姫、ありがとうな。昔、東京におまはんとおんなしように、体の悪い師匠をおんぶして高座にあげとった弟子がおって、おかげでその弟子はいろんな仕事をもらえたらしい。団姫もわしのことおんぶしてくれるよって、きっとエエことあるで。おまはんは『おんぶ弟子』やで、『おんぶ弟子』」。そういいながら笑う大師匠の声に、涙が出そうになりました。

法華経にはお釈迦様を供養する方法がいろいろと登場します。音楽であったり、華であったり……それは、まさに私が落語家を志したときと同じ「自分のもっている力で、自分の持ち場で、その状況の中でベストを尽くす」という法華経の教えでした。

大師匠にお菓子を差し上げられなくても、温泉に連れていけなくても、住み込みの弟子としてできること、私にしかできないこと、それが大師匠をおんぶするということなのだと知りました。ただただ大師匠に喜んでいただきたかった私は、「これが自分の役割なのだ」とその晩、お経を握りしめ大きくうなずきました。

そして平成二十一年、大師匠が亡くなると、出棺の際、持ち上げた棺に、その軽さに、「『おんぶ弟子』も今日で終わりか……」と寂しさを覚えながらも、「これからは大師匠をおんぶすることはもうないけれど、大師匠が私に期待してくださったことに全身全霊で応えていこう！」と新たに誓ったのでした。

修行とは、耐え忍ばなければいけないことがたくさんあります。「苦を苦に思わない智慧」を授けてくれたのは法華経でしたが、「自分なりの喜びの見つけ方」を教えてくれたのも法華経だったのです。

異教の者と歩む道　クリスチャンとの結婚の場で

修業が明けた三年後、良縁に恵まれ結婚しました。二十四歳のときです。夫も芸人で太神楽曲芸をしています。しかし、実はこの夫はクリスチャン。私自身は、大事なのは宗教、宗派が同じことではなく、信仰心があるかないか、だったので何も問題は感じませんでしたが、まわりがヤイヤイいうので、のちに私のお坊さんの師匠になってくださった比叡山の福惠善高師に相談しました。

すると、「比叡山は年に一回、『世界宗教平和サミット』をやっているぐらいやから、仏教徒とクリスチャンが結婚して一緒にやっていくことは、世界宗教平和の第一歩」というアリガタ～イお言葉を頂戴しました。

比叡山としてはこの結婚はＯＫ！　では、私の人生指針である法華経では異教徒との結婚は許されるのやろか……？　そこで経典をひも解くと、ありましたありました♪　法師功徳品第十九の後半には、こう説かれているのです。

「若し俗間の経書、治世の語言、資生の業等を説かんに、皆正法に順ぜん」

つまり、法華経の説く清浄な意根をもっていれば、世の中の他の宗教や哲学の教えを説いても、また仕事や私生活の話を説いても、その心はお釈迦様の教えと一致するというのです。

仏教徒の私はお釈迦様には嘘をつきたくない、お釈迦様の願いである「衆生救済」のお手伝いをしたい、と常に願っています。夫もそうです。イエス様には嘘をつきたくない、神のご計画のお手伝いをする一員になりたい、と祈っているのです。

私たちは宗教は違えど、同じ信仰の道を歩む者として同じ目標をかかげ、また信仰に生きることの喜びを知る仲間なのです。

一見おカタいイメージの法華経ですが、実はその教えはとっても寛容！「一本筋が通っていればそれでヨシ！」といわんばかりに、私の背中を押してくれたのでした。

怖い顔もひとつの方便　仏道修行の場で

結婚して半年後、得度を受け僧侶としての名をいただきました。そして翌年春、比叡山の修行に入らせていただくことになりました。そしてやはりここでも法華経の教えは役に立ったのです。

天台宗の僧侶になるためには、比叡山行院という道場で密教の行を受けなければなりません。ここは内容がハードなことに加え、指導係の先輩僧侶がたいへん厳しいことでも有名です。それゆえに山を去るものも少なくはなく、精神的にダメージを受ける人も多くいます。確かに私も最初はとんでもなく恐ろしい顔でどやされ、内心ビビりまくっていました。

しかし、思いました。「法華経の中でお釈迦様はどんな手段を用いてでも、私たちを悟りへ導こうとしてはる。この指導係の僧侶も私たちのためにこのような姿を見せてはるだけなんや。だから、怖がらず（怖いけど）、疑うことなく、信頼してついていこう!!」。

法華経のおかげでこう思えたことで、私は修行に集中することができ、何も無駄な心配をすることなく、毎日全身全霊で仏様と向き合う修行生活を送ることができたのです。

誹謗、中傷されようと　苦難の場で

比叡山から帰ってくると、実はちょっとイヤな目にあいました。芸人という仕事についているがために「注目を浴びたくて出家したんでしょ？」という人が出てきたのです。この発想には非常に悲しい思いがいたしました。なぜなら、そのように考える人たちは私の信仰心や夢など一切無視してそのような発言をしていたからです。

正直、めちゃめちゃ腹が立ちました。しかし、法華経の中には「法華経を広めようとする者は、いろんな苦難、困難に遭う」と、すでに説かれていることを思い出しました。ハラワタが煮えくり返るような思いの中、まず「忍辱」を思い出し、己の心を落ち着け、そして「最初から苦難困難に遭うことはわかっていたことやから、これぐらいは当たり前、ヘッチャラぐらいに思っとかな！」と自分を励ますことができました。

もし法華経の教えがなければ、悔しくてわんわん泣いていたかもしれません。でも、私には法華経があります。「いいたいモンには好きなだけいわせといたらエエわ！」というハラを与えてもらったのです。

踏まれれば踏まれるほど強くなる、そしてそれをどんどんバネにする。私の軟弱な根性を雑草根性に変えてくれた法華経。おかげであと二十年もしたら、立派な大阪のオバちゃんになれそうです。

互いに笑顔になれる自利利他の教え　寄席の場で

法華経のように「みんなで幸せになろうね！」と考える大乗仏教では、「自利利他」といって、「自分の利益」と「他者の利益」という一見相反するものをどちらも叶えてこそ、真の平和が訪れるといいます。

私たち落語家は、日頃〝趣味〟で落語をしているワケではありません。「プロ」であり「仕事」ですから、信念はもちろんそれぞれにありますが、落語で生活をしなければならないので、「落語をしてお金を稼ぐ」というのはとても大切なことです。私たちは寄席に出るとギャラをいただきます。

このギャラはお客様の木戸銭（入場料）から、その日の出演者のキャリアに合わせ割り振られています。この時点で私たちは仕事をし、賃金を得ていることになるので、とてもありがたいことです。そして、ギャラをいただくと思わずニンマリしてしまうのも事実です。

では、お客様はどうでしょうか？　二千円から三千円ほどの木戸銭を払い、落語を聴いたお客様は大笑いし、なかには笑いすぎて涙を流しながら帰られる方もいます。こうなれば私たちとしては大成功。お客様に払っていただいたお金以上の値打ちある笑いを提供できたことになります。落語家も嬉しい、お客様も嬉しい、お互いに喜びあえる、笑いあえる、それが私たち落語家のホームグラウンド「寄席」という場所なのです。

電車の席を譲る　高齢社会の場で

「自利利他」に続き、もうひとつご紹介したい言葉があります。伝教大師のみ教え「忘己利他」です。「もうこりた」と読みますが、決して何かに「も〜コリゴリ！」という意味ではありません。

これは「己を忘れて他を利するは慈悲の極みなり」という意味で、「自分のことは後回しにして、まず人さまの喜ぶ行いをする。それは菩薩の行いで、この先に人々の幸せがある」ということです。私は、伝教大師は法華経に生きられた方なので、その教えもまたすべてが法華経であると考えています。

昔、私は電車などでお年寄りに席を譲ることがなかなかできませんでした。いちばん大きな理由は、「よかったらどうぞ」という声をかけるタイミングがうまくつかめないのと、なんだかそうやって声をかけることが恥ずかしいという気持ちからでした。たま〜に「今日はいえそう！」という日があっても、「でも、私も疲れてるしな」と結局、自分のことばかり。そんな私にとって伝教大師の「己を忘れて」という教えは、イカズチをくらわされたようなものでした。

甘っちょろいことをいいながら、自分より体のしんどいお年寄りに席を譲らなかった過去を心の底から恥じました。これからは必ず譲ろう、仮に断られてもいい。これは仏教の行いなのだから恥ずかしいことはないんや！と気持ちを改めることができたのです。

それからは、実にすんなり席を譲れるようになりました。お年寄りは喜んでくれますし、とってもサワヤカな電車ライフになりました。その後、私は子供を授かることになるのですが、妊娠中、自分が席を譲られる側になると、体がしんどいときに席を譲ってもらうことのありがたさが本当に身にしみました。

ただ一心に祈る　出産の場で

平成二十六年四月、元気な男の子を出産しました。妊娠五カ月のときに、姫路にある通宝山弥勒寺さんで安産祈願をしてもらい、ご住職の読誦する法華経の声に新しい命への期待が高まりました。いよいよ出産。陣痛がくると、それは今までの人生で体験したことのない、この世のものとは思えない激痛!!! その痛さの波に気を失っては起き、また気を失っては起きるを繰り返していました。

しかし、何時間苦しんでも赤ちゃんがお腹から出てきません。先生曰く、「赤ちゃんが大きいから、産道を通られへんのかもしらん。マズイな」。そこで、緊急帝王切開に切り替わりました。ありがたいことに、今までの人生で大きな病気をしたことのなかった私は人生初手術。これはこれでめちゃめちゃ緊張しました。

そして手術が始まるとすぐに産声が聞こえ、他の赤ちゃんよりもひとまわり大きい、シッカリとした三九〇〇グラムの男の子が産まれてきました。陣痛の苦しみから帝王切開での出産まで、本当に気がおかしくなりそうでした。

その間、私は痛みに悶え苦しみながらも、ずっと法華経の偈文を唱え続けていました。法華経を読誦する功徳ははかりしれないと、幾度となく繰り返してきましたが、そのとおり、私は法華経を念じることによって、肉体的にも精神的にも支えられ、人生最大の激痛と出産を無事に乗り越えることができたのです。

「んなもん、法華経、唱えんでも今の医学やったら、たいがい無事に出産できるやろ！」という方もおられるかもしれませんが、命とは神仏のご加護あってのものです。なので、やはり私は法華経の功徳のおかげで無事に出産することができたのだと思うのです。

　産まれた瞬間は涙が出て、思わず赤ちゃんに合掌してしまいました。これから子育てをしていく中でも、法華経の教えがたくさん役に立つことは間違いありません。

夢をあきらめないで　夢と現実の狭間で

　私には夢があります。落語家としての夢は「名人」になること。お坊さんとしての夢は「自殺者をゼロにすること」です。自殺者をゼロにするためにはウツなどの病と闘う人、また、あらゆる悩みをかかえる人たちとしっかり向き合うことが何よりも大切だと考えています。

　実はその昔、私自身、本気で自殺を考えたことがありました。しかし、そのとき自殺を思いとどまらせてくれたのが、お釈迦様でした。お釈迦様は私のことをいつも心配してくださっています。私が自殺してしまったらお釈迦様はきっと悲しむに違いない。それが最後の一線を越えさせなかったのです。

「誰か一人」――仏教徒ならばお釈迦様、キリスト教の人ならイエス様、仮にどうしても宗教がハダに合わないという人で、おばあちゃん子ならおばあちゃんでもいい。誰か一人、「私が死んだらあの人は悲しむやろうな」という存在があれば、きっと自殺を思いとどまらせてくれると思うのです。だから私は信仰をもつことをおススメし、与えられた命をまっとうする活力を得てほしいと思うのです。

「名人になる」「自殺者をゼロにする」この二つの夢を具体的に叶えるために、私にはある計画があります。それが、「駆け込み寺」の建設です。私の思い描く「駆け込み寺」、それは、ウツの人や家庭内暴力で困っている人などが、二十四時間、いつでも出入りすることができて、寝る場所と食事が保障されている場所。

今日は会社でイヤなことがあって、なんだかモンモンとする。今夜は家にいたくない……。そんなときに話を聞いてくれるカウンセラーがいる場所。そこで元気になった人が今度はその駆け込み寺のスタッフとなって、困っている人々を助ける場所。そしてたまに本堂では落語会があって、お金のない若手の落語家が自由にネタを演じ、勉強できる場所です。私はそんな「駆け込み寺」を建てるため、実はコツコツ貯金をしています。

しかし、現実問題、どうでしょうか？ 駆け込み寺を建てるとなると、莫大なお金が必要になります。いったい落語を何万席したら建てられるのか、というぐらいのお金です。しかし、私は毎朝のお勤めで観世音菩薩普門品第二十五をお唱えするたびに、「いや、できる！」と勇気が湧いてきます。観世音菩薩普門品、いわゆる「観音経」には、ただ一心に観音様を念じれば、いかなる状況にあっても必ず何とかなる！と力強く説かれているのです。「念彼観音力」です。

法華経の教えを広く説かれた伝教大師は、「道心の中に衣食あり」といわれました。「道心」とは、道を修める心です。その人の人生の指針や目標に向かって努力することといった「人の道を歩む心」です。そして、真剣にその道を求めていれば、どんな状況にあろうとも、必要最低限の衣食は備わってくるというのです。

この「道心の中に衣食あり」という言葉と観音経は、私にとって、めざしているその夢に道心があれば、その夢は必ず叶う、観音様が助けてくれる、というメッセージだと思うのです。だから私はいつか駆け込み寺を建てることができると信じてやまないのです。

妙法蓮華経　正しい教えである白い蓮の花のお経

泥の中に咲く蓮の花。その根はとてもたくましく、その先に美しい花を咲かせています。

苦しみ多いこの世。その中で生きるのは本当にたいへんなことです。誰一人として楽に生きられる人などいません。でも、蓮を見てください。泥水を飲まされたってよいではありませんか。このドロドロした世界において法華経を得た私たちは、もう何も怖くありません。疑うこともありません。たくましい根っこをもって、きれいな蓮の花を咲かせましょう。そしてその花を見た人を笑顔にできる、そういう生き方を実践する――これが「法華経に生きる」ということなのだと思います。

法華経に出会って十三年。まだ十三年ですが、法華経に励まされる日々の生活に私の魂は満面の笑みを浮かべています。まさに前途洋々です！

人生で一番の宝物、お釈迦様の大きなお慈悲、法華経。この経を得た私に、今、この喜びを声を大にしていわせてください。

私はもう、法華経以外に何も要らないのです！

あとがき

「春秋社で？　法華経を？　ムリムリ！」

最初に本書の執筆依頼を受けたときの正直な感想でした。

私は、最終学歴が「高卒」です。天台宗の宗門大学である大正大学や叡山学院を出たわけではありません。

比叡山行院で行を受けさせていただき、無事それを遂行したので「天台宗僧侶」と名乗ることを許されておりますが、お坊さんとして知らないことが山ほどあります。なので、今までは私がお経の説明をしても何の説得力もないのだと思っていました。

しかし、編集者さんは私自身の法華経に対する「信仰心」に説得力を感じ、本書を依頼してくださいました。確かに、法華経を信じる気持ちに嘘偽りはありませんので、それを告白するということが主であれば学歴も関係ないし、「それでよいのならやってみるか！」

と思い、書き始めました。

不安な部分も多々ありましたが、ありがたいことに執筆する中で今まで見落としていた法華経の教えを改めてアレコレ学ぶことができ、勉強も兼ねたなんとオイシイお仕事をいただけたものかと、今はありがたい気持ちでいっぱいです。

本書の目的は「法華経のおかげでこんなにも幸せに生きている人間がいる！」ということを知っていただくことでした。もし、この本を読んでいただき、法華経をもっと詳しく知りたい！と思われた方がおられたならば、これほど嬉しいことはありません。大成功です。

比叡山での修行中、デジャブのように「あ、この修行を以前もしたことがある」と思ったことがありました。お寺の生まれでもなく、サラリーマンの家庭に育ち、そこで法華経と出会った私は、今の日本仏教では本来お坊さんになる道の者ではありませんでした。

ただ、法華経に始まり、比叡山までやってきました。そこでデジャブを味わった瞬間、私は法華経に「出会った」のではない、前世でもこの経に生きてきたのだと思いました。

今生で法華経に「再会」したことを知ったのです。

お釈迦様最高の教え「法華経」——この教えは永遠に生き続け、私たち悩める人間をこれから先も確実によい方向へと導いていってくれることでしょう。

本書の執筆にあたり、経典の解説部分において間違いのないよう、私の師僧である比叡山行院長・福恵善高師に多忙の中、添削をしていただきました。ここに心より感謝申し上げます。そして何より、「露の団姫に法華経の本を書かせてみよう！」と、ある種「カケ」に出て、法華経の「化城喩品」のごとく、うま〜く私を叱咤激励し、執筆を促してくださった春秋社編集部の桑村正純氏に心の底から「だまされた！」と感謝して、「あとがき」にかえさせていただきます。

二〇一四年八月吉日

露の団姫

【著者紹介】

露の団姫（つゆのまるこ）

1986年生まれ。落語家兼尼僧。兵庫県尼崎市在住。落語家になるか尼さんになるか悩む中、落語の創始者、初代・露の五郎兵衛が僧侶であり、説法をおもしろおかしく話したことが落語の起源と知り、2005年、高校卒業を機に露の団四郎へ入門。2008年、内弟子修業を終えて、大阪の繁昌亭はじめ寄席・テレビ・ラジオなどでも活躍。2011年、第6回・繁昌亭輝き賞を最年少で受賞。2017年、第54回・なにわ藝術祭落語部門新人賞受賞。その一方で、15歳のとき、「生と死」の問題から「法華経」に出会い、感銘を受ける。2011年、法華経を世に広めるため天台宗で出家。2012年に比叡山行院での修行を行い、正式に天台宗の僧侶となる。「一隅を照らす運動広報大使」も務める。著書には『団姫流 お釈迦さま物語』、『聖♡尼さん—「クリスチャン」と「僧職女子」が結婚したら。』（いずれも春秋社）、『プロの尼さん—落語家・まるこの仏道修行』（新潮新書）、『露の団姫の仏教いろは寄席』（佼成出版社）ほか。

露の団姫公式ホームページ　http://www.tuyunomaruko.com/

法華経が好き！

2014年 9月26日 第1刷発行
2019年 6月15日 第7刷発行

著　　者　露の団姫
発 行 者　神田　明
発 行 所　株式会社 春秋社
〒101-0021　東京都千代田区外神田2-18-6
電話　03-3255-9611（営業）
　　　03-3255-9614（編集）
振替　00180-6-24861
http://www.shunjusha.co.jp/
装 幀 者　伊藤滋章
印刷・製本　萩原印刷株式会社

ISBN978-4-393-13580-8　　定価はカバー等に表示してあります

露の団姫
団姫流　お釈迦さま物語
落語家で尼僧の著者による「初心者向け」の仏伝。誕生から修行や悟り、涅槃まで、釈尊の生涯を読み解く80のキーワードを選び、ユーモアも交えつつ見開き完結型で明快に解説。

１５００円

露の団姫
聖♡尼さん
「クリスチャン」と「僧職女子」が結婚したら。

尼さん妻とクリスチャン夫の異宗教結婚生活！夫婦最大の壁は宗教の違いではなく発達障害!?二人の乗り越え方とは？宗教ギャグ満載、神様仏様も大爆笑の夫婦エッセイ！

１４００円

大角 修
法華経の事典
信仰・歴史・文学
歴史上、日本人に最も影響を与えてきた法華経。この経典が日本人にもてはやされる理由を探るための事典。範囲は教学面に限らず、文学・法会・行事・芸術・政治などにもに及ぶ。
２４００円

正木 晃
あなたの知らない「仏教」入門
インド僧院は清貧と無縁だった？日本の為替はお寺から始まった？最新の研究成果から明らかになった新事実をはじめ、一般読者があまり知らない歴史的事実も紹介する。

１８００円

正木 晃
お坊さんなら知っておきたい「説法入門」
東日本大震災を機に、僧侶への説法の期待が高まったが、それに応えられる「法話力」の持ち主は少ない。本書はそうした法話に役立つ素材を満載した「僧侶のための説法の書」。

１８００円

▼価格は税別